Gerhard M. Walch

Leib – Atem – Stimme – ZEN-Meditation
auf dem Weg der Wandlung
zum inneren Himmel

Bibliografische Information der Deutschen Nationalbibliothek
Die Deutsche Nationalbibliothek verzeichnet diese Publikation in der
Deutschen Nationalbibliografie; detaillierte bibliografische Daten sind
im Internet über http://dnb.d-nb.de abrufbar.

© 2018 by Gerhard M. Walch
Auflage 2, 2019
Hinweis: Gedicht auf der Umschlagrückseite aus: Walch, 2007, S. 255

Verlag: opus magnum, Stuttgart (www.opus-magnum.de)
Herstellung: Book on Demand GmbH., Norderstedt
Alle Rechte vorbehalten.

ISBN 978-3956120145

Gerhard M. Walch

Leib – Atem – Stimme
ZEN-Meditation

auf dem Weg der Wandlung
zum inneren Himmel

opus magnum

Inhaltsübersicht

Inhalt

Einführung

Der Himmel ist in dir.
Statt Äußerem nach zu hecheln,
führt er dich auf den Weg
zu deinem inneren Lächeln.

(Walch, 2007, S. 238)

Ich freue mich, mit diesem Buch „Leib – Atem – Stimme – ZEN-Meditation auf dem Weg der Wandlung zum inneren Himmel" nun eine Weiterführung und praktische Umsetzung meines Buches „Wandlung zum inneren Himmel – Gedichte, Texte, Fotografien" (Walch, 2007) weitergeben zu können. Daraus stammen auch die eingefügten Kurzgedichte stammen, die alle mit der Einsicht „Der Himmel ist in dir" beginnen.

Das vorliegende Buch umfasst fünf meiner wichtigsten Schriften und Übungsanleitungen zur Personalen Leib-, Atem-, Stimmarbeit, Sprachgestaltung und ZEN-Meditation auf der Grundlage der Initiatischen Therapie nach Karlfried Graf Dürckheim und Hildegund Graubner.

Es ist aus über 30 Jahren praktischer Erfahrung als Dipl. Leib-, Atem-, Stimm- und Psychotherapeut sowie als ZEN-Lehrer in Seminaren und Einzel-Weg-Begleitungen entstanden.

Das erste Kapitel „Leib – Atem – Stimme – Sprache – ZEN-Meditation" ist eine grundlegende Einführung in den Hintergrund und die Bedeutung der einzelnen Themenkreise dieses Übungs-Weges.

Der zweite Text ist eine kompakte Erläuterung in die konkrete Umsetzung der „ZEN-Meditation als Weg ganzheitlicher Spiritualität".

Die dritte Schrift „Heimkehr der Seele" am Beispiel der altchinesischen ZEN-Geschichte „Der Ochs und sein Hirte" vermittelt uns jenseits unseres rational-diskursiven Denkens den ZEN-Weg anhand von allegorischen Bildern und in einer poetisch verdichteten Sprache. Sie stellt Parallelen her zwischen diesem bedeutenden fernöstlichen ZEN-Lehrtext und westlich-abendländischen Traditionen (K. Graf Dürckheim, C. G. Jung). Mit freundlicher Genehmigung durch P. Willigis Jäger konnten die zehn ZEN-Ochsenbilder, die die zehn Stufen des ZEN-Weges darstellen, als Tuschzeichnungen von Meister Tatsuhiko Yokoo in den Text mit aufgenommen werden.

Mein ergänzendes Foto aus der tibetischen Tradition, das die Stufen geistiger Entwicklung anhand der Wandlung des Elefanten vom schwarzen, unbewussten in einen weißen, vollbewussten und erleuchteten Geisteszustand darstellt, stammt von meiner Himalaya-Reise aus dem Kloster Tabo in Spiti am West-Himalaya nahe der tibetischen Grenze.

Meine beiden angefügten Gedichte „Es ist MU-Zeit" und „Mein WESEN und ich" passen zum ZEN-Weg.

Der vierte Beitrag „Der Weg der Gegensatzvereinigung in der Leib- und Atemarbeit und in der Meditation" stellt einen Teil meiner Diplom-Arbeit in Initiatischer Therapie dar, die ich neu überarbeitet habe. Ausgehend von der Tiefenpsychologie mit Erich Neumanns Hauptwerk „Ursprungsgeschichte des Bewusstseins" (Neumann 1949 und 2004), zusammengefasst in meinem Buch „Wandlungen des Bewusstseins - Erich Neumanns Tiefenpsychologie der Kultur" (Walch, 2010), vermittle ich, wie der Weg der Gegensatzvereinigung von Bewusstsein und Unbewusstem durch die Leib- und Atemarbeit sowie durch die Meditation initiiert und vollzogen werden kann.

Die von Karlfried Graf Dürckheim für die Meditation entwickelte Grundformel der Verwandlungsbewegung des Atems (Dürckheim, 1976, S. 143) wird ergänzt durch die tiefenpsychologisch-mythologischen Weg-Erfahrungen und Stadien des Archetyps der „Nachtmeer- und Unterwelt-fahrt".

Im abschließenden fünften und letzten Kapitel des Buches werden in präziser und konkreter Anleitung die Leib-, Atem-, Stimm- und Vokalraum-Übungen in zwölf Übungseinheiten weitergegeben, so wie sie sich in meinen Einführungsseminaren seit über drei Jahrzehnten in ihrem Aufbau und ihrer Abfolge weiter entwickelt und bewährt haben.

Mit praktischen Leib-, Atem- und Stimmübungen lernen wir
- wieder mehr Boden unter unseren Füßen zu erfahren und uns neu aufzurichten (Ich-Stärkung), was uns hilft, Ängste und Unsicherheiten zu überwinden
- uns in unseren ungeliebten Seiten im Leib anzunehmen (Schatten-Integration), statt psychosomatische Symptome zu entwickeln
- uns im Bauch-Becken-Raum zu zentrieren, wo wir unseren ursprünglichen Schwerpunkt (HARA als Ort des Urvertrauens) wieder finden und zur „Wohlspannung" (Eutonie) im Leib gelangen („Work-Life-Balance")
- uns an die Kraft der Mitte (KI) anzuschließen, um sie im Alltag einzusetzen und damit kreativ zu werden sowie einem Burnout vorzubeugen

- über das Erleben der Atem- und Vokalräume unseren Atem zu vertiefen (Zwerchfellatem) und über das Tönen der Vokale unsere Stimme zu bilden sowie Atem- und Stimmprobleme zu bewältigen
- die Klanggestalten und Wesensqualitäten der Vokale und Worte zu erspüren und ihre leib-, atem- und stimmtherapeutische Wirkung und Bedeutung zu erfahren.

Insgesamt ermöglicht uns dieser ganzheitliche Übungs-Weg, uns auf die Tiefe unseres Wesens, unseren inneren Himmel einzulassen und zu innerer Ruhe und Sammlung zu gelangen sowie unsere menschlichen Potentiale (auch im Sinne einer Salutogenese) zu entwickeln.

Möge dieses Buch vielen Menschen dienen, den Himmel in sich zu finden, und dazu verhelfen, diese Erfahrung auch im Außen, in all ihren „alltäglichen" Lebens-Bezügen fruchtbar werden zu lassen.

Leib – Atem – Stimme – Sprache –
ZEN-Meditation

Personale Leib-, Atem-, Stimmarbeit, Sprachgestaltung und ZEN-Meditation auf der Grundlage der Initiatischen Therapie

Die Initiatische Therapie möchte uns dazu begleiten, stimmig und authentisch zu werden, indem unser inneres Wesen und unser äußeres Leben in der Welt miteinander in Übereinstimmung kommen. Dabei geht es um eine Integration von innerer Stimme und äußerem Handeln, von innerem Weg und äußerem Werk.

> *Der Himmel ist in dir.*
> *Statt dich vom Lärm betören,*
> *so solltest du viel mehr*
> *die innre Stimme hören.*

(Walch, 2007, S. 239)

Das Personale

der Personalen Leib-, Atem- und Stimmarbeit meint im Sinne des lat. Wortes „personare" ein Hindurch- und Hervor-Tönen der Tiefendimension unseres innersten Wesens durch unsere äußere, weltbezogene Gestalt, unser angepasstes Welt-Ich und unsere Maske (lat. „persona").

Dieser Weg geht noch über die „Mensch-Werdung" hinaus zur „Person-Werdung" im Sinne einer Persönlichkeitsentwicklung zur Ganzheit und Vollständigkeit der einmaligen Anlagen. Er fördert die Ausbildung unseres ureigenen Inbildes und eine Individuation (lat. „individere" - unteilbar) und eine Inkorporation unseres unteilbaren Wesenskerns im Leib, in der Welt und in all unseren Lebensbezügen.

Das Initiatische

der Initiatischen Therapie kennen wir von etymologisch verwandten Worten wie Initiale, Initiative und „initium" (lat. - Anfang): „Und jedem Anfang wohnt ein Zauber inne, der uns beschützt und der uns hilft zu leben" - aus dem Gedicht „Stufen" von Hermann Hesse. (Hesse, 1977, S. 676).

Das Wort Initiation, das vom lat. „initiare" kommt, meint nach Karlfried Graf Dürckheim das Tor zum inneren Geheimnis zu öffnen, das wir selber in der Tiefe unseres Wesens sind. Das Wesen ist für ihn „die Weise, in der in uns und allen Dingen das überweltliche, göttliche LEBEN anwest und durch uns Gestalt gewinnen möchte in der Welt." (Dürckheim, 1976, S. 16 f).

Das Initiatische können wir auch auf das lat. „inire" beziehen, ein Nach-Innen-Gehen und Sich Einlassen auf das im Innen erfahrbare Wesen, um dieses im Außen, in allen alltäglichen Bezügen zum Ausdruck zu bringen.

Die Initiatischen Therapie
ist keine Therapie im herkömmlichen Sinne, sondern ist vor allem für Menschen geeignet, die darunter leiden, dass sie nicht die sein können, die sie im Grunde ihres Wesens sind. D.h. Menschen, die schon einmal mit der Wesens-Dimension ihres Grundes in Berührung gekommen sind und damit ihren „doppelten Ursprung" erfahren haben und zu „Bürgern zweier Welten" geworden sind:

1) Einer äußeren, irdischen, bedingten, raumzeitlichen Dimension unseres Welt-Ichs (mit den Themen Extraversion, Werk-Kultur des Westens, Yang-Qualität, HARA-Ebene I) und

2) einer inneren, himmlischen, unbedingten, überraumzeitlichen Dimension unseres Wesens (mit den Themen Introversion, Weg-Kultur des Ostens, Yin-Qualität, HARA-Ebene II).

Darüber hinaus geht es um eine Integration dieser beiden Welten, indem wir das innerste Wesen durch das Welt-Ich hindurch aus unserer Mitte hervor Gestalt werden lassen in der Welt (mit den Themen Zentroversion, Integration von innerem Weg und äußerem Werk, Integrales Bewusstsein, Dao, HARA-Ebene III).

Die Initiatischen Therapie ist nicht nur eine integrale, transpersonale Therapie, sondern auch ein Schulungsweg zur Person im Sinne des Personalen, ein Weg ganzheitlicher, integrativer Spiritualität sowie ein Weg schöpferisch-kreativer Gestaltung.

Auf diesem vierfachen Weg lassen wir uns auf die Personale Leib-, Atem-, Stimmarbeit, Sprachgestaltung und ZEN-Meditation ein, die alle im Sinne unserer ganzheitlichen „Person-Werdung" geübt werden.

Dazu schauen wir uns nun die einzelnen Medien dieses initiatischen und personalen Übungsweges genauer an:

Der Leib

Wir sprechen bewusst vom Leib (= lebendiger, beseelter Leib) im Unterschied zum Körper (= materieller, toter „corpus"-lat.). Der Übungs- und Erfahrungs-Weg geht dabei „vom Körper, den ich habe, zum Leib, der ich bin", vom gegenständlichen Körperbewusstsein zu einem „inständlichen" Leib-Spürbewusstsein (Dürckheim, 1973, S. 169 und 1978, S. 140).

Wir berücksichtigen folgende Dimensionen des Leibes, die sowohl im Sinne einer höchst effizienten pragmatischen Leib-, Atem- und Stimmtherapie als auch im Sinne einer Initiatischen und Personalen Leib-, Atem- und Stimmarbeit angeleitet und geübt werden:

Die rechte Haltung

Die Wirkung der Arbeit an der Haltung des Leibes auf die seelisch-geistige Haltung und Verfassung wird schon in der Sprache deutlich: z.B. hat das Wort „Selbständigkeit" auch etwas mit der eigenen Standfestigkeit meiner Füße zu tun, oder das Wort „Aufrichtigkeit" etwas mit meiner Aufrichtung in der Wirbelsäule.

Als Leib- und Psychotherapeut erlebe ich in meiner über 30-jährigen Praxiserfahrung, dass die Arbeit an der Leibhaltung sich unmittelbar auf die Psyche auswirkt, so wie umgekehrt eine integrative Psychotherapie immer auch eine neue Haltung und Erfahrung des Daseins im Leib bewirkt.

Eine über die Einzelstunden hinaus mitgegebene, dem individuellen Prozess entsprechende Leib-Übung ermöglicht zusätzlich ein Dranbleiben am Thema, eine Inkorporierung der psychotherapeutischen Inhalte und eine nachhaltigere und vom Therapeuten unabhängigere therapeutische Wirkung.

Die rechte Zentrierung

In unserer westlichen, auf Leistung, materielles Wachstum und Effizienzsteigerung ausgerichteten Gesellschaft ist unser leiblicher Schwerpunkt viel zu weit nach oben gewandert, sodass wir vor allem im Kopf, im Nacken und in den Schultern zentriert sind. Dies zeigt sich in der rasanten Zunahme von Menschen mit Kopfschmerzen und Schulter-Nacken-Verspannungen. Die hochgezogenen Schultern zeigen ein überfordertes Individuum, dessen „kleines Welt-Ich" sich hinter den „Burgzinnen" der Schulterkugeln verbergen und schützen möchte vor weiteren Überforderungen durch die äußere Welt. Sie sind Ausdruck einer Misstrauenshaltung dem Leben, der Welt und vor allem der eigenen Tiefe unseres Wesens gegenüber.

Die Personale Leibtherapie vermittelt einen Übungsweg, auf dem wir lernen, den bei den Meisten viel zu hoch sitzenden Schwerpunkt wieder herunter zu verlagern in unseren ursprünglichen Schwerpunkt im Bauch-Becken-Raum, ins HARA. (Dürckheim, 1975). HARA, was japanisch „Bauch" heißt, meint nicht nur den physischen Bauch, sondern eine Gesamtverfassung des Menschen, in der er in seinem ursprünglichen Schwerpunkt in der Beckenmitte ruht, wodurch er nicht nur eine größere Gelassenheit, sondern auch einen Anschluss an seine Wesenstiefe erleben kann sowie an die mit dem Hara in Verbindung stehende Lebenskraft (KI).

Der Himmel ist in dir,
so spür vom Nabel aus
zu deinem Kreuzbein hin,
von dort geht Stärke aus.

(Walch, 2007, S. 280)

Der leibliche Ursprungsort der KI-Energie ist das KI KAI TANDEN (jap.-„Ort vor jeglicher Gestalt"), der zwei bis drei Finger breit unterhalb des Nabels liegt. KI und HARA sind auch wesentliche Grundlagen der japanischen Kampfkünste, wie z.B. beim AIKIDO (jap. – der Weg DO zur Vereinigung AI mit der Lebenskraft KI). Die Silbe DO, wie z.B. auch beim IAIDO (Schwert-Weg) oder KYUDO (die Kunst des Bogenschießens), weist uns darauf hin, dass es nicht um einen äußeren Kampf, sondern um einen inneren Übungs-Weg zur Person geht.

Auch für die Personale Leibtherapie ist die Zentrierung im HARA eine wesentliche Voraussetzung, um die beiden grundsätzlichen Fehlhaltungen im Leib zu überwinden: Einerseits, um uns in den hochgezogenen Schultern loszulassen und uns ins Vertrauen auf die tragende Basis im HARA einzulassen, andererseits einem Versacken nach unten vorzubeugen und uns an die Kraft der HARA-Mitte anzuschließen.

Die rechte Spannung

Mehr denn je zeigen sich heute die beiden Fehlhaltungen des Menschen in den beiden Spannungsextremen: Entweder er ist in einer Überspannung (Hypertonus) mit all seinen negativen Wirkungen wie Hochatem sowie

Verspannungen in Kopf, Nacken und Schultern oder er kommt, sobald der „Stress" wegfällt, in eine Unterspannung (Hypotonus) und versackt in ein passives Konsumverhalten.

Die Übungen der Personalen Leib-, Atem- und Stimmarbeit fördern die Wohl-Spannung (Eutonus) und sind auf eine eutone Balance ausgerichtet, die uns ermöglicht, in jeder Lebenssituation aus der Mitte heraus in angemessener Weise achtsam, bewusst und präsent gegenwärtig zu sein.

Es kommt im Leib zu einer Integration von „geformter Gelassenheit und gelassener Form". Dadurch wird eine Durchlässigkeit im Leib möglich im Sinne einer „Transparenz für die innere Transzendenz" (Dürckheim).

Der Atem

In der pragmatischen Atemtherapie arbeiten wir an der Wiederherstellung der Zwerchfellatmung sowie des ureigenen, erfahrbaren Atems in seiner Lage, Tiefe, in seinem Volumen und Rhythmus, in seiner Länge und unter Berücksichtigung der verschiedenen Atemräume.

Im initiatischen Sinne ist der Atem die Ur-Lebensbewegung, die Verwandlungsbewegung des „Stirb und Werde", auf die Goethe in der letzten Strophe seines Gedichts „Selige Sehnsucht" hinweist:

> *Und solang du das nicht hast,*
> *Dieses: Stirb und Werde!*
> *Bist du nur ein trüber Gast*
> *Auf der dunklen Erde.*

(Goethe, 1982, S. 60)

Der Atem wurde schon in den alten Heilkünsten, in der Sternenweisheit und Alchemie als „Mercurius" dem Planeten-Prinzip des Merkurs zugeordnet und als Mittler angesehen, als Vermittler zwischen Leib und Seele sowie über das Zwerchfell zwischen den oberen und den unteren Leibräumen. Da der Atem willkürlich beeinflusst werden kann und auch unwillkürlich von selbst geschieht, kann er kompensatorisch zwischen Bewusstsein und Unbewusstem vermitteln und ausgleichen.

In allen alten Hochkulturen und Hochsprachen finden wir für Atem und Geist dasselbe Wort: Im Sanskrit-Wort „Atman", im hebräischen „Ruach", im griechischen „Pneuma" und im lateinischen „Spiritus".

Der Himmel ist in dir
der große Lebens-Odem,
der strömt vom Scheitel aus
bis in den Beckenboden.

(Walch, 2007, S. 249)

Das bewusste Erleben des eigenen Atems führt uns unmittelbar in die geistige Präsenz des „Hier und Jetzt", so wie es Hermann Hesse in der letzten Strophe seines Gedichts „Flötenspiel" vermittelt:

Es war der Welt geheimer Sinn
In seinem Atem offenbart,
Und willig gab das Herz sich hin
Und alle Zeit ward Gegenwart.

(Hesse, 1977, S. 673)

Die Stimme

In der Stimme wird unsere leiblich-seelisch-geistige Befindlichkeit hörbar.

Sie ist unser bester Lehrmeister, denn sie spiegelt uns unmittelbar, ob wir „stimmig" sind, d.h. in Übereinstimmung zwischen unserem inneren Erleben und unserem äußeren Leben, indem unser Stimmklang authentisch, gelassen und in Resonanz mit unserem Wesen ist, oder unstimmig, indem die Stimme in einer Überspannung zu hoch, „gestresst", „aufgesetzt" oder gepresst unter Druck ist oder in einem Untertonus „versackt" oder „depressiv" wirkt.

Die Personale Stimmarbeit integriert und erweitert die Personale Leib- und Atemarbeit: Zum einen ist jede Stimmübung gleichzeitig eine Atemübung, indem sie den Ausatem gestaltet, ihn z.B. vertieft (Zwerchfellatem) und verlängert (stärkerer Sauerstoff-Kohlendioxyd-Gasaustausch, Reinigung, Belebung). Zum anderen ist die Personale Stimmarbeit immer auch Personale Leibarbeit, wenn sie am Leib-Tonus ansetzt und diesen in den Ton, ins Tönen überführt. Dadurch können wir über das Tönen z.B. von Vokalen im jeweiligen Leibraum einen Spannungsausgleich bis hin zu einer eutonen Balance bewirken.

Jeder Vokalraum hat seine eigene Resonanz, Energie und Qualität. Wir können auch von Vokal-Archetypen sprechen, da das Tönen eines jeden Vokals seine ihm eigene Wirkung und sein ihm eigenes leiblich-seelisch-geistiges Erleben ermöglicht.

Wir kommen hier zur Wirkung und Bedeutung von Mantras, den heiligen Silben in der spirituellen Praxis der Weltreligionen, ob z.B. im „Om Namah Shivaya" im Siddha-Yoga, im „Om mani padme hum" im tibetischen Buddhismus, im „Shalom" im Judentum, im „Allah hu" im Islam oder im „Halleluja" im Christentum, die alle bestimmte Leib-, Atem- und Stimmräume sowie Energiezentren zum Schwingen bringen und die ihnen eigene Wirkung erzielen.

Der Himmel ist in dir,
im Hindu und Buddhist,
im Jude, Moslem, Christ
und auch im Atheist.

(Walch, 2007, S. 235)

Das Sanskrit-Wort Mantra können wir als „Schutz des Menschen" oder „was den Geist (man-) schützt (-tra)" übersetzen oder als „Werkzeuge der

Einswerdung" oder „was das gegenständliche Denken (manah) transzendiert (trayate)" (Painadath, 2004, S. 134).

Wir kommen über die Vokale auch an den Ursprung der Sprachen, an die Keim-Silben, im Sanskrit „bija-mantras" (OM, AH, HRIH, HUM) (Berendt, 1985, S. 37-40) oder wie es der christliche Mystiker Angelus Silesius in einen Zweizeiler (Epigramm) verdichtet:

> *Die Menschen plappern viel, wer geistlich weiß zu beten,*
> *Der kann getrost vor Gott mit A und O hintreten.*

(Angelus Silesius, 1979)

Das A und O bezieht sich nicht nur auf das Alpha und Omega, dem ersten und letzten Buchstaben im griechischen Alphabet (im Christlichen symbolisch auf Christus bezogen), sondern sie sind die beiden Vokale, in denen das Staunen zum Ausdruck kommt, das ja auch den Anfang der Philosophie darstellt. Therapeutisch können wir mit vorsprachlichen Lauten auch frühkindliche Störungen behandeln, an die wir mit unserer rationalen Sprache nicht herankommen.

Die Sprache

In der Sprache verdichten wir die Vokale und Konsonanten ins Wort. Dies ist ein Prozess der Konzentration und Inkorporation. Das Wort wird Leib indem der Ton Tonus und die Energie des Wortes Leib-Gestalt wird. Umgekehrt können wir sagen, dass der Leib Wort wird, indem der Leib-Tonus zum Ton und aus der Leib-Gestalt Energie freigesetzt wird. (Zu den Wechselwirkungen zwischen Energie und Gestalt siehe: Neumann, 1992 und 2005 sowie Walch, 2010).

Wir gestalten die Sprache in Rhythmus und Melodie. Die Sprachgestaltung folgt dabei dem Grundprinzip von Gestaltung: „Was ich gestalte, gestaltet mich." Dies beginnt schon mit jeder Berührung: „Was ich berühre, berührt mich." Ich kann nichts berühren oder gestalten ohne gleichzeitig davon berührt oder gestaltet zu werden. Doch wir achten nur darauf, was wir berühren oder gestalten und nicht darauf, wie wir berührt oder gestaltet werden.

Wir achten in unserer extravertierten Welt nur darauf, was herauskommt und nicht darauf, was herein kommt. Und es kommt immer etwas herein, wenn etwas herauskommt. Wir können diesen Zusammenhang auch erleben, wenn wir z.B. einen Text oder ein Gedicht nicht nur aus-

wendig, sondern „inwendig" sprechen. Die Wechselwirkung zwischen innen und außen wird verdichtet im Gedicht von Friedrich Rückert in seinem Gedichtband „Die Weisheit der Brahmanen":

> *Nichts wird dir offenbart, wo du nicht offen bist;*
> *Und außen siehst du nichts, was dir nicht innen ist.*
> *Das Äußre dient dir nur, dein Innres zu entfalten,*
> *Dein Innres, weiter dann das Äußre zu gestalten.*

(Rückert,1978, S. 35)

Erst, wenn außen und innen, äußere Gestaltung und innere Entfaltung, äußeres Werk und innerer Weg zusammen kommen, können wir wieder ganz, heil werden in dieser unheilen, weil einseitige nur den Blick nach außen gewandten, modernen Arbeitswelt. Sprache vollzieht sich immer in der Wechselwirkung von hören und sprechen, von sich ansprechen lassen und antworten, von be-„rufen" und ver-„antworten". Hierher passt mein Gedicht:

Be-Ruf-ung zum neuen Menschen

Von Anfang an hast Du uns schon gerufen.
Vom Ursprung her erschallt Dein ewges Wort.
An alle, die zum ewgen Sein berufen,
ertönt es weiterhin und immerfort.

Doch meist bist Du ein Rufer in der Wüste,
nicht nur weil Du so selten wirst gehört. –
Wer geht schon selber gerne in die Wüste
und weilet darin weiter unbeschwert?

Doch wer nicht scheut das Nichts der Wüsten-Stille,
dem öffnet sich von selbst sein innres Ohr
und ganz gemäß des ewgen Rufers Wille
tritt aus ihm selbst der neue Mensch hervor.

(Walch, 2007, S. 157)

Aus dem biblischen Kontext kennen wir den Zuspruch: „Ich habe dich beim Namen gerufen" (Jes. 43,1). Karlfried Graf Dürckheim hat den Vornamen, mit dem wir gerufen werden, mit dem inneren, einmaligen, unbedingten Wesen des Menschen in Verbindung gebracht, während in unserem Familiennamen das Welt-Ich (der äußere, bedingte Mensch in all seinen Weltbezügen, als Herr… oder Frau…) angesprochen ist. Daraus formulierte er, auf sich selber bezogen, die Frage: „Wie kommt der Karlfried (sein Wesen) durch den Dürckheim (sein Welt-Ich) durch?" (im Sinne des „per-sonare"). Er hat uns eingeladen, uns selber diese Frage (wie ein ZEN-Koan) mit unserem eigenen Vor- und Familiennamen zu stellen (Dürckheim, 1981, S. 51).

Über die Sprache erleben wir die Klanggestalten und Wesensqualitäten der Worte. Die Sprache wird damit zum Ausdrucksmittel der Person.

Die ZEN-Meditation

In der ZEN-Meditation („ZAZEN" = japanisch für Sitz-Meditation) als ein Übungsweg ganzheitlicher Spiritualität integrieren wir alles bisher über den Leib und den Atem beschriebene. Wir lassen uns im Sinne der ersten Silbe des Wortes Meditation (Medi = Mitte) ganz ein auf die Mitte, den „mittleren Weg" im Leib (in der Haltung, Zentrierung und Spannung), in der Atmung, in der Seele und im Geist.

Im Leib kommen wir zur Mitte in der rechten Sitzhaltung zwischen geerdeter Basis (der Beine und des Beckens) und freier, selbsttragender Aufrichtung (der Wirbelsäule). Die Mitte zwischen innen und außen können wir dadurch erleben, dass wir im ZEN mit leicht geöffneten Augen üben, sodass der Blick ganz gelassen im Winkel von ca. 45 Grad ca. 1 bis 1,5 Meter vor uns auf den Boden fällt, ohne etwas zu fixieren. Ohne uns im Außen zu verlieren (Extraversion, HARA-Ebene I) und ohne uns nach innen zurückzuziehen (Introversion, HARA-Ebene II) üben wir uns, innen und außen gleichzeitig da zu sein (Zentroversion, HARA-Ebene II).

In der rechten Spannung empfinden wir die Mitte als Wohlspannung (Eutonus) zwischen Überspannung (Hypertonus) und Erschlaffung (Hypotonus), entspannt ohne einzusinken (mit aufrechtem Kreuzbein), in gelassener Form und in geformter Gelassenheit.

In der rechten Zentrierung spüren wir die „Erdmitte des Menschen" im Bauch-Becken-Raum (jap.: HARA), indem wir uns in den Schultern loslassen und uns im HARA niederlassen (Dürckheim, 1975).

In der rechten, gelassenen Atmung erfahren wir die Mitte über den Zwerchfellatem, der von der Leibmitte aus zwischen den oberen und den unteren Leibräumen sowie kompensatorisch zwischen Bewusstsein und Unbewusstem vermittelt und ausgleicht, im Gegensatz zur Erkrankung der Schizophrenie, die übersetzt „gespalten im Zwerchfell" (griechisch „schizein" = gespalten, getrennt und „phrenicus" = Zwerchfell) heißt.

Im Seelischen üben wir uns ein in die Mitte zwischen wacher, offener Empfänglichkeit und vertrauensvoller Hingabefähigkeit.

Im Geistigen finden wir die Mitte zwischen denken und dösen in der Entwicklung von gelassener geistiger Sammlung und Präsenz. Indem wir unsere Achtsamkeit auf den Atem wenden, der immer gegenwärtig ist und uns daher mit der Gegenwart verbindet, kommen wir zur Mitte zwischen Vergangenheit (im Nach-Denken) und Zukunft (im Vor-Sorgen) und treten ein in die reine Geistesgegenwart des Hier und Jetzt.

Der Himmel ist in dir,
wo die Vergangenheit
sich mit der Zukunft paart;
das nennt man Gegenwart.

(Walch, 2007, S. 241)

Der ZEN-Weg ist ein Ohren-Weg, ein Weg des Hörens. Das japanische Wort SESSHIN, das mit „Sammlung des Herzens" übersetzt werden kann und eine ZEN-Meditationswoche bezeichnet, enthält dreimal das Schriftzeichen für Ohr und einmal für Herz. Es erinnert an den Kanon:

„Schweige und höre, lausche auf des Herzens Wort, suche den Frieden". Indem wir schweigen und hören und in die Stille lauschen, können wir das bisher Un-Erhörte erhören, bis hin zum Klang der Stille. Denn „die Stille ist die größte Offenbarung" (Laotse, 1982).

Der Himmel ist in dir.
Die Stille ist sein Ton.
Das Unerhörte hören.
Der Ein-Klang ist sein Lohn.

(Walch, 2007, S. 239)

Nur die Stille kann unsere Sehnsucht nach Einswerdung stillen. So werden wir im ZAZEN ganz still im Leib, indem wir ohne äußere Bewegung sitzen, ganz still im Atem, indem wir uns an die Atemstille nach dem Ausatem ganz hingeben und den nächsten Einatem von selber kommen lassen, und ganz still im Geist, indem wir frei werden von Gedanken und offen wie der klare Himmel, offen für den inneren Himmel, transparent für die innere Transzendenz.

Eine ausführlichere Einführung in die praktische Übung des ZAZEN findet sich im folgenden Kapitel „ZEN-Meditation als Weg ganzheitlicher Spiritualität".

(Hinweis: Eine DVD zur Einführung in die Initiatische Therapie ist beim Autor erhältlich: gerhard@walch.jetzt).

ZEN-Meditation als Weg ganzheitlicher Spiritualität

Der Himmel ist in dir,
übst du das Meditieren,
so kannst du immer mehr
den Himmel in dir spüren.

(Walch, 2007, S. 280)

Einführung

Die gegenstandsfreie Meditation des Sitzens in der Stille (ZAZEN) ist die unmittelbarste Übung des Sich-Aussetzens der augenblicklichen „Wirk"-lichkeit.

Sie berücksichtigt und integriert leibliche, seelische und geistige Prozesse: „Die Haltung, den Atem und das Herz in Ordnung bringen" (ZEN-Meister Yamada Bunryo Roshi). ZEN fördert die Entwicklung von Achtsamkeit und die Einheitserfahrung (SATORI, KENSHO) mit sich, mit allen fühlenden Wesen, mit der Natur sowie von innerer und äußerer Wirklichkeit.

Obwohl dieser Übungsweg aus dem ZEN-Buddhismus stammt, kann er als Weg ganzheitlicher spiritueller Erfahrung in allen Religionen und Weltanschauungen befruchtend und vertiefend integriert werden: „Die Stille ist die größte Offenbarung" (Laotse).

Im ZEN üben wir uns in Gelassenheit, Achtsamkeit und Absichtslosigkeit, um diese wesentlichen Daseins-Qualitäten auch in unserem Alltag fruchtbar werden zu lassen.

Nach einer Darstellung der geschichtlichen Herkunft der ZEN-Meditation und von möglichen Sinn-Bezügen werde ich praktische Hinweise für die konkrete Sitzhaltung im ZAZEN geben und die ZEN-Meditation als Weg ganzheitlicher Spiritualität verdeutlichen.

Geschichte

Die ZEN-Meditation stammt ursprünglich aus dem Buddhismus aus Indien, wo sie noch mit dem Sanskritwort Dhyana bezeichnet wurde, was Meditation bzw. Konzentration bedeutet. Dort kam es durch den buddhistischen Mönch Bodhidharma zu einer Reform des Mahayana-Buddhismus, indem er sich gegen den intellektuellen Diskurs wendete und sich wieder ganz auf die Essenz konzentrierte, nämlich die Praxis der Meditation. Er brachte im Jahr 520 n. Chr. die gegenstandsfreie Meditation nach

China, wo er aus Dhyana, das in das Chinesische als Chan'na übertragen wurde, den Chan-Buddhismus (Meditations-Buddhismus) begründete. In China war es vor allem der Daoismus, der diesen Meditationsweg wesentlich beeinflusste.

Im 12. und 13. Jahrhundert kam der Meditations-Buddhismus durch die Mönche Dogen und Eisai nach Japan, wo aus Chan ZEN wurde. Dort entwickelten sich vor allem zwei Richtungen: die Soto-Schule des „Nur-Sitzens" (jap.: Shikantaza), die von Meister Dogen begründet wurde, und die Rinzai-Schule, die mit Koans arbeitet und auf Meister Rinzai zurückgeht, der im 9. Jahrhundert einer der bedeutendsten Chan-Meister in China war. Ein Koan ist eine paradoxe Frage des ZEN-Meisters an seine ZEN-Schüler, wie z.B.: „Wie war dein Angesicht bevor dein Vater und deine Mutter geboren wurden?", wodurch bei diesen jenseits ihres diskursiven Denkens ein unmittelbares Erwachen zur Einheitswirklichkeit induziert werden soll.

In Japan wurde der ZEN-Buddhismus vom Shintoismus beeinflusst.

Im 16. und 17. Jahrhundert entstanden die ZEN-Künste, die als Übungs-Wege (DO) des ZEN bekannt wurden, wie z.B. KYUDO (die Kunst des Bogenschießens), CHADO (der Tee-Weg), BUDO (die Kampf-Künste), KADO (der Blumen-Weg des Ikebana) u.v.a..

Von Japan aus kam die ZEN-Meditation nach dem Zweiten Weltkrieg in den Westen, insbesondere in die USA und nach Europa.

In den 1950er- und 1960er-Jahren waren es vor allem Pater Hugo Enomiya-Lassalle SJ (1898-1990) und Prof. Dr. Karlfried Graf Dürckheim (1896-1988), die durch ihren Aufenthalt und ZEN-Schulungsweg in Japan, die ZEN-Meditation im deutschsprachigen Raum bekannt machten. Während Pater Lassalle ZEN für Christen zugänglich machte, integrierte Graf Dürckheim den ZEN-Weg (ZEN-Meditation und ZEN-Künste) in die von ihm begründete Initiatische Therapie und den existential-psychologischen Schulungsweg. Von ihm wurde ich beauftragt, den ZEN-Weg selber weiter zu geben und bin nun schon seit Ostern 1984 als ZEN-Lehrer tätig. 1989 war ich über die Dürckheim-Schule zur 700-Jahr-Feier des Klosters Eigenji und zu ZEN-Schulungen in Japan. Von dort stammt auch mein langjähriger ZEN-Meister Bunryo Yamada Roshi, der von 1984 bis 2013 jedes Jahr für ZEN-Meditationswochen (jap.: ZEN-Sesshin) mit intensiver KOAN-Übung in die Dürckheim-Zentren nach Europa gekommen ist.

ZEN-Philosophie = ZEN-Praxis

Der bedeutendste japanische ZEN-Gelehrte des 20. Jahrhunderts Daisetz T. Suzuki schreibt gleich zu Beginn seines Buches „Die große Befreiung - Einführung in den Zen-Buddhismus" (Suzuki, 2003): „Die Philosophie des ZEN ist die Praxis des ZAZEN" (ZA-ZEN kann mit Sitz-Meditation übersetzt werden). Er steht damit ganz in der Tradition des ZEN-Begründers Bodhidharma, d.h. nur über die Übungspraxis können wir das Wesen des ZEN erfahren. Da der Übungsweg schon das Ziel ist, unterscheidet ZEN nicht Anfänger und Fortgeschrittene, sondern nur Anfänger und Übende.

Zehn Sinn-Bezüge der ZEN-Meditation

Da die Praxis die Philosophie ist und der Weg das Ziel ist, können wir auch nur relative Sinn-Bezüge beschreiben:

> *Der Sinn, der sich aussprechen lässt,*
> *ist nicht der ewige Sinn,*
> *der Name, der sich nennen lässt,*
> *ist nicht der ewige Name.*

(Laotse, 1982, S. 41)

Der relative Sinn der ZEN-Meditation kann gesehen werden als:
- Geistestraining durch Achtsamkeitsübung (Dürckheim – „Der Alltag als Übung")
- Weg zur Mitte (integrale Leib- und Atemübung)
- Weg der Sensibilisierung der Sinne (von den Sinnen zum Sinn)
- Grund-Übungsweg, um schöpferisch zu werden
- Weg der Einübung, jetzt einfach ganz da zu sein
- Weg des Loslassens vom oberflächlichen Ich, um die Tiefe des Seins zu erfahren
- Weg in die Stille als der Ort der Offenbarung (Laotse)
- Weg zur Transparenz für die Transzendenz (Dürckheim)
- Weg der Re-ligio (Rück-Bindung) mit dem Ursprung des Seins
- Weg der Erleuchtung bzw. des Erwachens (erweitertes Bewusstsein)

Praktische Hinweise für die konkrete Sitzhaltung im ZAZEN

Wir sitzen entweder auf einem Hocker (oder Stuhl ohne Armlehnen) mit beiden Fußsohlen fest am Boden und mit den Knien in Beckenbreite (offene Illiosacral-Gelenke) oder noch besser auf einem Meditationssitzkissen mit seitlich nach hinten umgeschlagenen Unterschenkeln jeweils auf der vorderen Hälfte der Sitzfläche. Indem die Knie ein paar Zentimeter niederer sind als das Becken, sind die Leisten durchlässig. Durch eine leichte Beckenneigung nach vorne wird der Unterbauch (HARA) frei und dadurch sowohl der Bauch- und Zwerchfellatem verstärkt, als auch die freie, selbsttragende Aufrichtung der Wirbelsäule erleichtert, ohne anzulehnen. Neben dem Sitz auf dem Hocker (Stuhl) ist die einfachste Sitzhaltung auf dem Sitzkissen oder Holzschemel die, dass wir die Unterschenkel im Sattelsitz seitlich ans Kissen anlegen. Dabei wenden sich die Füße bzw. Großzehen hinten leicht zueinander, beim Sitz auf dem Schemel berühren sich die Großzehen. Die Knie sind nur zwei Faustbreit auseinander.

Die möglichen asiatischen Meditationssitzhaltungen sind folgende:

Beim Diamantsitz bzw. burmesischen Sitz liegen beide Fersen voreinander, beim halben und vollen Lotossitz ein oder beide Fußrücken auf dem jeweils gegenüberliegenden Oberschenkel. Dabei sollten die Knie den Boden berühren und tiefer liegen als das Becken, wodurch sich der Unterbauch ohne Einengung entfalten kann und die Leisten offen und durchlässig sind (für Atem, Durchblutung und Energie). Diese asiatischen Sitzhaltungen geben eine breitere, stabilere Basis und ermöglichen dadurch eine leichtere, besser getragene und geerdete Aufrichtung.

Der Kopf sitzt gerade auf der Wirbelsäule, wobei das Kinn etwas angezogen ist, sodass der Nacken stärker aufgerichtet ist und die hintere Fontanelle zum höchsten Punkt am Kopf wird. Dadurch fällt der ganz gelassene Blick mit leicht geöffneten Augen (als Vermittlung von innen und außen) im Winkel von ca. 45 Grad ca. 1 bis 1,5 Meter vor uns auf den Boden, ohne etwas zu fixieren.

Halber Lotossitz

Der Mund ist geschlossen, die Zungenspitze liegt locker am Gaumen, direkt hinter den Schneidezähnen.

Die Hände legen wir an den Unterbauch (ca. 3 Finger breit unter Nabel = KI KAI TANDEN = Energiepunkt) in Form einer Schale, bei der die Finger der linken Hand auf den Fingern der rechten Hand liegen (die Handteller bleiben frei) und die Daumen sich waagrecht leicht berühren (auf der Höhe des Nabels).

Wir atmen zwei bis drei Mal tief aus und lassen dann den Atem in seinem natürlichen Rhythmus fließen.
Während der ca. 20 bis 25 Minuten dauernden Meditationszeit, deren Anfang und Ende vom Klang einer Klangschale angezeigt wird, sitzen wir in völlig gelassener und bewegungsloser Ruhe und Stille.

ZEN-Meditation als Weg ganzheitlicher Spiritualität

Die Ganzheitlichkeit der praktischen Übung der ZEN-Meditation (ZAZEN) zeigt sich in der Integration von Leib, Seele und Geist:

Im Leib in der

- rechten Haltung: Sitzhaltung mit geerdeter Basis (der Beine und des Beckens) und freier, selbsttragender Aufrichtung (der Wirbelsäule).
- rechten Spannung: Wohlspannung (Eutonus): Mitte zwischen Überspannung (Hypertonus) und Erschlaffung (Hypotonus), entspannt ohne einzusinken (mit aufrechtem Kreuzbein), gelassene Form und geformte Gelassenheit (Dürckheim).
- Rechte Zentrierung: Im Bauch-Becken-Raum (jap.: HARA): Sich in den Schultern loslassen und sich im HARA niederlassen (Dürckheim, 1975).
- rechte, gelassene Atmung: Bauch- bzw. Zwerchfellatem, Atem in vier Phasen: Zwei Phasen Ausatem, eine Phase Atempause, eine Phase Einatem (von selber kommen lassen).

Im Seelischen im Wahrnehmen der Gefühle und Bilder und im Entwickeln von Hingabefähigkeit an die Dimensionen von Tiefe, Transzendenz, „innerem Kind", „Seelengund" (Meister Eckhart) ...

> Der Himmel ist in dir
> dein eigner Seelengrund,
> in dem dir nichts mehr fehlt,
> wo du bist eins und rund.

(Walch, 2007, S. 240)

Im Geistigen im Wahrnehmen von Gedanken und Vorstellungen, im Finden der Mitte zwischen denken und dösen und im Einüben und Entwickeln von geistiger Sammlung, Konzentrationsfähigkeit und Präsenz.

Wir wenden unsere Achtsamkeit auf den Atem, der immer gegenwärtig ist und uns daher mit der Gegenwart verbindet:
- durch das Empfinden der Atembewegung im Leib (insbesondere im HARA).
- durch die Verbindung des Ausatems mit einem inneren Wort, z.B. loslassen, Ruhe oder vertrauen.
- durch das Zählen des Ausatems von 1 bis 10 (dann wieder mit 1 beginnend).
- durch das innere Sprechen der Atemformel: Zu Beginn des Ausatem „mich loslassen" (in den Schultern), zum Ende des Ausatems „mich niederlassen" (im HARA), zur Atempause „mich eins werden lassen" (mit der Tiefe meines Wesens), zum Einatem „mich neu kommen lassen" (Dürckheim, 1976, S. 146).

Der Himmel ist in dir,
lass dich doch einfach los,
dann fällt sogleich der Himmel
dir selber in den Schoß.

(Walch, 2007, S. 268)

Umgang mit Gedanken:
- Sie wie Wolken am Himmel weiterziehen lassen oder sie benennen (etikettieren) mit „Vergangenheit" beim Nach-Denken und mit „Zukunft" beim Vor-Sorgen.
- Danach kehren wir zur Achtsamkeit auf den gegenwärtigen Atem zurück.

Der Himmel ist in dir,
schick die Gedanken weiter,
dann wird von diesen Wolken
dein innrer Himmel heiter.

(Walch, 2007, S. 262)

ZEN-Meditation im Stehen und Gehen

Vor oder nach der Sitz-Meditation (ZAZEN) kann die Übung der Geh-meditation (KINHIN) eingefügt werden:

Sie beginnt mit einem im HARA zentrierten, hüftbreiten Stehen, im Lot zwischen Himmel und Erde (Halswirbelsäule aufgerichtet), indem wir uns ganz präsent im Atem und im Leib spüren: von den Fußsohlen bis zum Scheitel und vom HARA über den Herz-Raum und über die Achsel-höhlen bis in die Hände.

Für die Gehmeditation (in der RINZAI-Schule des ZEN) legen wir die rechte Hand auf die Magengrube bzw. den Solarplexus (mit Kontakt zum Zwerchfell-Atem), die linke Hand auf den Handrücken der rechten und den Daumen der linken Hand in den Handteller der rechten Hand (Ener-gieverbindung). Dabei sind die Unterarme waagrecht und die Achselhöh-len offen (Flankenatmung).

Nun beginnen wir mit dem Gehen in Zeitlupe, indem wir während jeder Ausatembewegung den vorderen Fuß von der Ferse bis zu den Zehen abrollen und das Gewicht darauf geben (sich von der Schulter bis in die Fußsohle niederlassen) bis der hintere Fuß nur mehr mit dem Zehenbal-len und den Zehen im Kontakt zum Boden ist. Im Moment des Lösens des hinteren Fußes vom Boden und während der Pendelbewegung des hinte-ren Beines nach vorne lassen wir den Einatem von selbst (in die Rücken-mitte) einströmen bis mit dem Aufsetzen der Ferse die nächste Ausatem-phase beginnt.

Wir setzen dabei die Füße für ein stabiles, sicheres Auftreten hüftbreit auf. Die Schrittlänge entspricht ca. der Länge eines Fußes.

Wir schreiten durch den Raum in seiner rechteckigen oder quadra-tischen Form im Uhrzeigersinn (= Richtung zum Bewusstsein hin) und gehen die Ecken des Raumes aus, sodass wir uns jeweils um 90 Grad nach rechts umwenden (Entscheidung und Neuausrichtung nötig) und gehen fließend, ohne Unterbrechung weiter.

Den Blick lassen wir im Winkel von ca. 45 Grad vor uns in Richtung Boden fallen, ohne etwas zu fixieren und ohne herumzuschauen.

Sammlung, Konzentrationsfähigkeit und Präsenz

Die Achtsamkeitsübung auf den Atem können wir im Gehen (KININ) in gleicher Weise weiter führen, wie in der Sitzmeditation (ZAZEN) durch die Verbindung des Ausatems mit einem inneren Wort (loslassen, Ruhe, vertrauen), durch das Zählen des Ausatems von 1 bis 10 oder durch das innere Sprechen der Atemformel (mich loslassen - mich niederlassen - mich eins werden lassen - mich neu kommen lassen).

Am Ende der Gehmeditation wenden wir uns an unserem Platz wieder zur Raummitte hin, lösen die Hände und spüren uns im präsenten Stehen.

Zum Abschluss oder bevor wir uns zur Sitzmeditation niederlassen verneigen wir uns (vor dem inneren Himmel), indem wir die Hände vor dem Brustbein (Herzzentrum) falten und uns bis zur Waagrechten neigen und wieder aufrichten.

Eine klassische Unterweisung der geistigen Dimension des ZEN-Weges in zehn Stufen mit allegorischen ZEN-Tuschzeichnungen finden wir in der aus dem 12. Jahrhundert stammenden altchinesischen ZEN-Geschichte „Der Ochs und sein Hirte" (Ohtsu, 1958).

Eine Zusammenfassung von Gerhard M. Walch (Walch 2007, 198-205) findet sich im folgenden Kapitel „Heimkehr der Seele am Beispiel der altchinesischen ZEN-Geschichte ‚Der Ochs und sein Hirte' ".

(Hinweis: Eine DVD zur Einführung in die ZEN-Meditation ist beim Autor erhältlich: gerhard@walch.jetzt).

Heimkehr der Seele am Beispiel der altchinesischen ZEN-Geschichte „Der Ochs und sein Hirte"

Diese aus der Blütezeit des alten China stammende Geschichte stellt den geistigen Weg des Menschen von der Erfahrung des Verlustes und der Entfremdung bis zu der des Wiederfindens und der Heimkehr der Seele in zehn Stufen mit Texten und symbolischen Naturbildern dar.

Den besonderen Wert dieser Geschichte sehe ich darin, dass sie keine rationalen Erklärungen gibt, sondern den inneren Weg anhand von allegorischen Bildern und einer poetisch verdichteten Sprache vermittelt, die eine unmittelbare, existentielle Naturerfahrung wiederspiegeln. Ich schätze es auch, dass wir hier einem Zeugnis ostasiatischer Spiritualität begegnen, das mit der letzten Stufe des Sich-Wiederverbindens mit der Welt und den Menschen unserer christlich-abendländischen Sicht sehr nahe kommt.

Jedes der zehn Kapitel des Textes umfasst ein Vorwort und drei Lobgedichte, die von vier ZEN-Meistern verfasst worden sind. Die ursprünglichste Fassung stammt von Meister Kuo-an aus dem 12. Jahrhundert, der diese aus Mitgefühl für seine ZEN-Schüler und zur Vermittlung der Weisheit des ZEN-Weges gestaltet hat. Bis heute dient dieser Lehrtext zur Unterweisung in die zehn Stufen des ZEN-Weges. Die hier verwendeten Zitate stammen aus einer erstmaligen unmittelbaren Übertragung des altchinesischen Urtextes ins Deutsche (Ohtsu, 1958).

Der Ochs und der Hirte stehen für das, was Karlfried Graf Dürckheim, der Begründer der Initiatischen Therapie, den „doppelten Ursprung" des Menschen nennt. So ist mit dem Ochsen unsere innere, ursprüngliche, Raum und Zeit überschreitende und von äußeren Bedingungen unabhängige Wesensnatur angesprochen, die wir als seelische Wirklichkeit erleben können, während der Hirte, unser nach außen gewandtes, von Raum, Zeit und äußeren Bedingungen abhängiges Welt-Ich meint.

Ich möchte nun die Geschichte anhand der Vorworte von Meister Tsi-yüan durchgehen.

Die Überschrift zur ersten Stufe lautet: „Die Suche nach dem Ochsen".
Doch gleich in der ersten Zeile des Textes wird dieses Suchen schon in
Frage gestellt: „Wozu das Suchen? Seit jeher ist der Ochse niemals ver-
misst worden."

Es gibt im Grunde keinen Ochsen zu suchen, denn unser eigentliches
Wesen, die unser Ich-Bewusstsein überschreitende Wirklichkeit des Seelischen, ist immer gegenwärtig, christlich formuliert: „Das Reich Gottes ist
schon mitten unter (bzw. inwendig in) euch" (Lk.17,21).

Aber gerade das Suchen zeigt uns, dass wir uns damit nicht mehr in
Verbindung spüren. Dieser Verlust der Erfahrung der Ganzheit und die
Selbst-Entfremdung wird nun eindrücklich geschildert: „Doch es geschah,
dass der Hirte sich von sich selbst abwandte: Da ward ihm sein eigener
Ochse fremd und verlor sich zuletzt in staubiger Weite".

Die Abkehr von der inneren Heimat wird in allegorischen Naturbildern weiter veranschaulicht: „Die heimatlichen Berge rücken ferner und
ferner unversehens findet der Hirte sich auf verschlungenen Irrwegen."

Ursache und Wirkung dieses Irrweges werden drastisch dargestellt:
„Gier nach Gewinn und Furcht vor Verlust entbrennen wie aufflammen-
des Feuer, und die Meinungen über Recht und Unrecht stehen auf wider-
einander gleich Speerspitzen im Schlachtfeld."

Mit der erschütternden Erfahrung dieses Verlustes der Beziehung zu
unserem ganzheitlichen, inneren Wesen beginnt nun der eigentliche Weg
der Heimkehr der Seele. Parallelen dazu finden wir im Individuationspro-
zess der zweiten Lebenshälfte, wie er uns von C.G. Jung vermittelt worden ist, sowie im neutestamentlichen Gleichnis vom verlorenen Sohn (Lk.
15,11-32), wo es unter anderem um die Heimkehr zum Vater, zur Einheitswirklichkeit geht.

Auf der zweiten Stufe entdeckt der Hirte die Spur des verlorenen Ochsen, indem er durch das Lesen der Weisheits-Schriften und das Hören der Lehren der Meister etwas vom Sinn der Wahrheit erahnt. „Nun versteht er, dass die Dinge, wie verschieden gestaltet auch, alle von dem einen Golde sind, und dass das Wesen jeglichen Dinges nicht verschieden ist von seinem eigenen Wesen." Nun kommt er auf den Weg: „Der eine Weg von Helle und Dunkel, auf dem Jegliches fortgeht und kommt. Hat sich der Hirte auf solchem Wege gefunden, dann ist keine Not mehr."

Auf der dritten Stufe findet der Hirte den Ochsen: „Im Augenblick, da
der Hirte die Stimme hört, springt er jäh zurück und trifft im Erblicken
den Ursprung." Im Hören auf unsere innere Stimme, die Stimme des Herzens, finden wir zu unserer wahren Natur und werden von ihr geführt.
Die Weise der Anwesenheit des „Herzens-Ochsen" in uns wird nun vergli-
chen mit dem Salz im Wasser des Meeres oder mit dem Leim in der Farbe
des Malers. „Wenn der Hirte die Augen weit aufschlägt und schaut, dann
erblickt er nichts anderes als sich selbst."

Doch nun, auf der vierten Stufe beginnt erst „Das Fangen des Ochsen",
denn „eine Erleuchtung macht noch keinen Erleuchteten" (Zitat K. Graf
Dürckheim). Noch vermag er sich nicht den Gewohnheiten und Annehm-
lichkeiten, sowie „der Sehnsucht nach dem duftenden Grasbüschel zu ent-
ziehen." Erst strenge und konsequente Übung ermöglichen ihm seinen
„hartnäckigen Eigensinn" zu bändigen.

Auch auf der fünften Stufe muss noch mit viel Geduld „Das Zähmen des Ochsen" weitergehen, denn die Zerstreuungen sind so vielschichtig, dass sie uns leicht in die Irre führen können.

Der Himmel ist in dir,
doch er ist noch verstellt
vom Denken und vom Sorgen
um Dinge dieser Welt.

(Walch, 2007, S. 273)

Erst wenn Ochs und Hirte sich aneinander gewöhnt haben, kann es auf der sechsten Stufe zur „Heimkehr auf dem Rücken des Ochsen", zur mühe- und absichtslosen Heimkehr der Seele kommen.

Der Himmel ist in dir,
er ist die reife Frucht,
die denen wird geschenkt,
die heimkehrn aus der Flucht.

(Walch, 2007, S. 257)

„Unter den Bäumen begegnet anderen Menschen sein mächtiges Lachen".
Sein Humor zeugt von seinem natürlichen Bezug zur Erde (Humus), von
seiner tiefen Menschlichkeit (Humanität) und seiner Demut (humilitas) =
Dien-Mut = Mut, seiner inneren Stimme zu dienen.

Im Gegensatz zur ersten Stufe heißt es jetzt: „Der Kampf ist schon vor-
über. Auch Gewinn und Verlust sind zunichte geworden." Nun lässt er
sich durch nichts mehr vom Weg abbringen: „Ruft ihn einer an, so wen-
det er sich nicht um. Zupft ihn einer am Ärmel, so will er nicht halten."

Indem der Hirte in seiner inneren Heimat angekommen ist, ist die
Heimkehr an keinen Ort mehr gebunden: „Heimgekehrt ist der Hirte,
nun gibt es überall Heimat." Das Auf-Dem-Weg-Sein ist zu seiner Heimat geworden.

Wenn wir auch noch die Polarität von Ochs und Hirte loslassen, dann sind wir auf die siebte Stufe gelangt: „Der Ochs ist vergessen, der Hirte bleibt", denn „nur vorübergehend ist der Ochse als Wegweiser aufgestellt." Im Ursprung gibt es nur das Einssein, die Ungeschiedenheit. „Alle sollen eins sein" (Joh. 17,21). Damit bricht der Hirte zur Einheitserfahrung durch: „Jetzt ergeht es dem Hirten, wie wenn leuchtendes Gold aus dem Erze gebrochen würde, oder der Mond, von den Wolken sich lösend, zum Vorschein käme."

Im christlichen Abendland kommen wir in Versuchung einen Menschen der die Polarität überwunden hat, einen „Heiligen" zu bezeichnen. Doch die achte Stufe, „Die vollkommene Vergessenheit von Ochs und Hirte", zeigt uns den weiteren Weg gerade darin, dass wir jegliche Form und jeglichen Sinn von Heiligkeit hinter uns lassen und dadurch weder am Weltlichen, noch am Heiligen hängen bleiben: „Mit einem Schlag bricht jäh der große Himmel in Trümmer. Heiliges, Weltliches spurlos entschwunden. Im Unbegangenen endet der Weg."

Damit sind wir „Zurückgekehrt in den Grund und Ursprung", wie die Überschrift zur neunten Stufe lautet. Dort ist alles so wie es ist: „Blau fließen die Ströme, grün ragen die Gebirge. Er sitzt bei sich selbst und beschaut den Wandel aller Dinge."

> *Der Himmel ist in dir*
> *die Fülle deines Nichts,*
> *die Leere deiner Form,*
> *das Leuchten des Gesichts.*

(Walch, 2007, S. 279)

Auf der letzten, der zehnten Stufe, „Das Hereinkommen auf den Markt mit offenen Händen", kommt der Zu-Grunde-Gegangene und von Grund auf verwandelte Mensch mitten unter die Menschen. Er wird vom Mystiker zum Meister des Weges. Jedoch bleibt er unerkannt, da er in einer Gestalt kommt, in der keiner den Meister vermuten würde, z.B. als Straßenkehrer. Hier trifft sich das buddhistische Bodhisattva-Ideal (Buddha der Barmherzigkeit, auch als Maitreya, der Gütige, der Liebende) mit jüdisch-christlichen Messias- und Erlöser-Vorstellungen.

Er geht über alle bisherigen Wege hinaus und „erlaubt sich von den befahrenen Geleisen der altehrwürdigen Weisen sich abzuwenden." Gleichzeitig geht er mitten hinein unter die Menschen, um sie aus ihrem unbewussten, betrunkenen, unerwachten und unerlösten Geisteszustand zu retten: „Wie es ihm gefällt, besucht er die Weinkneipen und Fischbuden, um die betrunkenen Menschen zu sich selbst erwachen zu lassen."

Eine Parallele zu den Ochsenbildern finden wir in der tibetischen Darstellung der Wandlung des Elefanten vom schwarzen, unbewussten in einen weißen, vollbewussten und erleuchteten Geisteszustand.

Stufen geistiger Entwicklung über dem Eingang zum Hauptgebäude des Klosters Tabo in Spiti am West-Himalaya nahe der tibetischen Grenze.

49

Es ist MU-Zeit

Jetzt da sein

Es ist MU-Zeit

Jeder Tag ein guter Tag

Es ist MU-Zeit

Nichts fehlt

Es ist MU-Zeit

Blau fließt der Fluss

Grün ragen die Gebirge

Es ist MU-Zeit

Kommen und Gehen

Es braucht keine Mühe des Hirten

Ruhig trägt ihn der Ochse

Es ist MU-Zeit

(Walch, 2007, S. 206)

Mein WESEN und ich

Du bist wesentlich - ich lasse mich von Unwesentlichem abbringen.

Du bist Wandlung - ich suche nach Beständigem und sichere mich ab.

Du bist Leben - ich beschäftige mich mit toten Dingen.

Du bist Liebe - ich bin oft lieblos zu mir und anderen.

Du bist Gegenwart - ich bin entweder in der Vergangenheit oder in der Zukunft.

Du bist Fülle - ich schaue zu sehr auf das Fehlende.

Du bist Leere - ich habe den Kopf voll mit unwichtigen Gedanken.

Gemeinsam leben wir den doppelten Ursprung (je-)des Mensch-Seins.

(Walch, 2007, S. 207)

„Der Weg der Gegensatzvereinigung" in der Leib- und Atemarbeit und in der Meditation

Einführung

Tiefenpsychologische Grundlagen

Der Weg der Gegensatzvereinigung geht von der Gegensatzstruktur der menschlichen Psyche aus, d.h. von den Gegensätzen von Bewusstsein und Unbewusstes. Alle anderen vom Menschen erkannten Gegensätze lassen sich letztlich auf seine psychische Gegensatzstruktur zurückführen, durch die der Mensch erst erkenntnisfähig wird.

Doch bevor wir auf den Weg der Gegensatzvereinigung eingehen können und die Art und Weise, wie dieser durch die Leib- und Atemarbeit sowie durch die Meditation initiiert und vollzogen werden kann, möchte ich zuerst anhand der „Ursprungsgeschichte des Bewusstseins" von Erich Neumann (Neumann 1949 und 2004) die Entwicklung des Ich-Bewusstseins und die Gegensätze, in denen es sich bewegt, aufzeigen.

Wie ich in meinem Buch „Wandlungen des Bewusstseins - Erich Neumanns Tiefenpsychologie der Kultur" (Walch, 2010) dargestellt habe, entstehen die Gegensätze Bewusstsein und Unbewusstes im Menschen (Ontogenese), wie auch in der Menschheit (Phylogenese), durch das Heraustreten des Ich-Bewusstseins aus der zuvor noch ungetrennten Ursprungseinheit, wodurch gleichzeitig ein Nicht-Ich geschaffen wird. Dieses Nicht-Ich erscheint dem Ich des aufgerichteten Menschen vor allem in den Gegensätzen von Himmel und Erde, Oben und Unten, mythologisch als Großer Vater und Große Mutter, mit denen sich das Ich ungefähr ab dem dritten Lebensjahr, in dem die Trennung erfolgt, das ganze Leben lang auseinander zu setzen hat.

Das, was wir mythologisch als „Sündenfall" bezeichnen, ist also nicht, wie oft fälschlicherweise angenommen wird, der Sturz vom „guten" Himmel auf die „böse, gefallene" Erde, sondern die Trennung der paradiesischen, aber noch unbewussten Ursprungs-Einheit und Ganzheit (dem Selbst) in die Gegensätze von Himmel und Erde durch die Geburt des Ich-Bewusstseins, das zur „Filiale" des Selbst wird.

In der falschen Sichtweise vom „Sündenfall" drückt sich schon die einseitige Entwicklung aus, die vor allem das Schicksal des abendländischen Menschen bestimmt hat. Sie hat uns in eine Krise geführt, in eine Gespaltenheit, die bis zum Kern vorgedrungen ist, die uns heute jedoch gleichzeitig in allen Bereichen des Lebens zur Veränderung und zur Wandlung in Richtung einer Gegensatzvereinigung und Ganzwerdung herausfordert.

Um die Einseitigkeit dieser Entwicklung verstehen zu können, müssen wir uns zuerst klar werden, was die Gegensätze von Himmel und Erde für den Menschen bedeuten und warum es zu einer Entwertung der Erde und einer Überbewertung des Himmels gekommen ist.

Während der Archetyp (d.h. die Urerfahrung) des Himmels dem Ich-Bewusstsein des Menschen als oben, licht, hell, männlich, aktiv erscheint und mit den Qualitäten des Jenseitigen, Unkörperlichen, Immateriellen, Geistigen und Bewegenden verbunden wird, wird der Archetyp der Erde als unten, schwer dunkel, weiblich erfahren und vom Ich-Bewusstsein mit dem Diesseitigen, Körperlichen, Materiellen, Stofflichen und Unbewegten in Verbindung gebracht. (Neumann, 2005a und 1992 sowie Walch, 2010)

Da sich das Ich-Bewusstsein bei seiner Herauslösung und Geburt aus dem Unbewussten als heldisch-männlich erfährt, identifiziert es sich mit den männlichen Qualitäten der Himmelsseite, während ihm die weiblichen Qualitäten der Erdseite bedrohlich und verschlingend erscheinen.

Im Leib zeigt sich die Identifikation mit der männlichen Himmels-Geist-Seite dadurch, dass sich das Ich-Bewusstsein immer mehr mit dem Oben, vor allem mit dem Kopf sowie dem Nacken und den Schultern identifiziert, wodurch die untere Körperhälfte (unterhalb des Zwerch-fells), die der weiblichen Erdseite zugeordnet wird, durch seine für das Ich bedrohlichen Triebe, Dränge, Emotionen usw. negativ bewertet und ins Unbewusste gedrängt wird.

Dieses Geschehen zeigt sich auch im Außen, darin, dass unsere Kultur patriachal geprägt ist, d.h. männlich, nach linearem Wachstum ausgerichtet, leistungsorientiert, nach oben, zum Himmel hin strebend. Dadurch ist die lebendige Beziehung zur Erde, zur Natur, zum Weiblichen, zu unserer matriarchalen Herkunft, zu unseren Wurzeln, zum Zyklischen, zu unseren „niederen" Bedürfnissen und damit auch zu unserem tragenden Urgrund verloren gegangen. Diese untere, dunkle Seite der Wirklichkeit wurde von uns immer mehr vernachlässigt, unterdrückt und schließlich ganz verdrängt und abgespalten.

Doch alles, was wir aus dem Bewusstsein zurück ins Unbewusste verdrängen, ist dadurch nicht gelöst und aus der Welt geschafft, sondern muss sich umso stärker (meist auf unangenehmere und bedrohlichere Weise) bemerkbar machen, um schließlich doch noch ins Licht des Ich-Bewusstseins aufgenommen zu werden.

Aus dieser Situation heraus zeigt sich der Weg der Gegensatzvereinigung als der Weg der Integration, als ein Einlassen auf das abgespaltene Unten und als ein Loslassen vom festgehaltenen Oben. Doch dieses Ich, das das Unten abspaltet und das sich oben festhält, ist immer ein schwaches Ich, das Angst hat vor dem Unten. Und bevor nun der Weg der Gegensatzvereinigung verantwortungsbewusst beschritten werden kann, muss zuerst das Ich gestärkt werden. Denn nur ein gestärktes Ich kann die Angst überwinden und sich auf das Unten, die eigene, aber noch unbekannte und beängstigende Tiefe einlassen, ohne vom Unten festgehalten oder gar verschlungen zu werden (Neumann, 1958/1959).

So muss sich das Ich-Bewusstsein entsprechend dem Drachenkampf im Heldenmythos von den negativen, festhaltenden Kräften befreien. Sowohl von denen des Unten, der Erdseite, der negativen Aspekte des Archetyps der Großen Mutter, die das Ich wieder ins Unbewusste, in die Depression, in den Schlaf, nach unten hinabziehen möchte, als auch von denen des Oben, der Himmelsseite, der negativen Aspekte des Archetyps des Großen Vaters, der das Ich mit überhöhten Leistungs- und Gewissens-Forderungen oben festhalten möchte. Nur so kann das Ich-Bewusstsein deren positive Kräfte im Sinne einer Gegensatzvereinigung ins Bewusstsein integrieren.

Wirkung auf Atem und Leib

In welchen beiden grundsätzlichen Fehlformen kommt nun diese Zwei-Fronten-Gefahr im Atem und im Leib zum Ausdruck?

Im Atem zeigt sich ein Festgehaltenwerden des Ich-Bewusstseins durch den Archetyp des Großen Vaters im Hochatem, in einer Überbetonung und einem willentlichen Einziehen des Einatems, in einem gar nicht bis zum Ende geführten Ausatem und im Fehlen der Atempause; im Leib in den hochgezogenen, verspannten Schultern und einem eingezogenen, nicht zugelassenen Bauch-Becken-Raum.

Umgekehrt ist der zur Depression neigende Mensch, mit einem vom Archetyp der Großen Mutter festgehaltenen Ich, meist haltlos, eingesackt und erschlafft im Bauch-Becken-Raum, während er gleichzeitig im Ausatem versinkt und erst nach einer end- und kraftlos erscheinenden Atempause ein schwacher Einatem erfolgt.

In beiden Fällen handelt es sich um ein zu schwaches Ich, das sich im ersten Fall hochhält und verspannt, aus Mangel an Vertrauen in den Grund, in das Unten, in die Erde, und das im zweiten Fall unfähig ist, sich aus der Umklammerung der Großen Mutter zu befreien und sich den Aufgaben der Welt, unserer patriachalen Kultur männlich-aktiv zu stellen, und daher zur Auflösung tendiert.

Verspannung einerseits und Auflösung andererseits sind immer wieder die beiden Fehlhaltungen, denen der Mensch heute ausgesetzt ist. Entweder er ist, meist in seinem Beruf, in einer Überspannung (Hypertonus) oder er gerät, nachdem der „Stress" wegfällt, in eine Unterspannung und Auflösung (Hypotonus). Immer wieder fällt er von einem Extrem in das andere und kommt nie zur Mitte, zur Wohlspannung (Eutonus).

Wir sahen, dass in beiden Fehlhaltungen der Bauch-Becken-Raum nicht zu seiner natürlichen, kraftvollen Entfaltung (wie noch beim Kleinkind) kommen kann: Entweder er ist eingezogen oder erschlafft. Daher ist die Voraussetzung für die Erlangung der Mitte, zwischen Verspannung und Auflösung, zwischen einem Hochatem und einem Versinken im Ausatem, im „Leib, der ich bin" (Dürckheim, 1973, S. 169 und 1978, S. 140), die Erlangung von HARA (Dürckheim, 1975), dessen Zentrum dem Mittelpunkt in der „Integralen Eutonie" entspricht (Glaser, 1980).

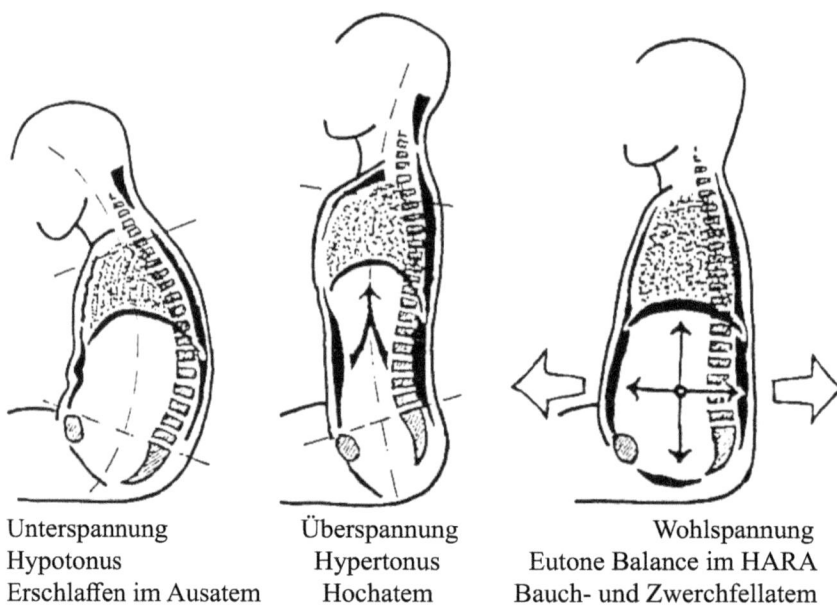

Unterspannung	Überspannung	Wohlspannung
Hypotonus	Hypertonus	Eutone Balance im HARA
Erschlaffen im Ausatem	Hochatem	Bauch- und Zwerchfellatem

(Bilder mit freundlicher Genehmigung aus: Glaser, 1990, S. 153)

HARA (japanisch für Bauch) meint nicht nur den Bauch im anatomischen Sinne, sondern eine Gesamtverfassung des Menschen, in der er wieder zum rechten Schwerpunkt im Bauch-Becken-Raum gefunden hat. So

ist die Verlagerung des Schwerpunktes in den Bauch-Becken-Raum nicht einfach nur ein physischer Vorgang, sondern erfordert eine Verwandlung des ganzen Menschen:
Von Atmung, Haltung und Tonus, die wiederum bestimmt sind von der Beziehung des Ich-Bewusstseins des Menschen zu Himmel und Erde.

„Das Erreichen von HARA zielt auf eine Gesamtverfassung, die dem Menschen den Kontakt zu seinem ‚doppelten Ursprung' ermöglicht" (Müller, 1981, S. 266). Erst durch die Integration von Himmel und Erde wird der Mensch offen für die Begegnung aus der Mitte, für den Mitmenschen. Ja erst durch die Verwandlung von kollektiv-vorpersönlichen Inhalten zu menschlich-persönlichen kann der Mensch seine menschlichen Fähigkeiten einbringen.

Das Ich-Bewusstsein ist dabei immer der Ort und das Gefäß in das die Gegensätze von Himmel und Erde, Oben und Unten, Großem Vater und Großer Mutter integriert werden sollen. Um dieses „Große Werk" („opus magnum", wie es in der Alchemie genannt wird) zu meistern, bedarf es, wie schon angeführt, eines starken, gefestigten Ich-Gefäßes.

Durchführung

Wie gehen wir nun in der Praxis vor?

Wir unterscheiden in unserer Arbeit drei aufeinanderfolgende Grundschritte, in denen sich der Entwicklungsweg ausformt:

Die HARA-Ebenen I, II und III

Unter HARA-Ebene I verstehen wir die vitale Ebene, die Ebene der Extraversion, auf der es um das Wachsen am Widerstand, das Annehmen der Erde, das sich Stellen und Konfrontieren mit der Welt, die Ich-Stärkung und die Weltfähigkeit geht. Das Spiel wird dabei ins Bewusstsein und in die Verantwortung genommen. Die HARA-Ebene I entspricht einem gegenständlichen Bewusstsein.

HARA-Ebene II meint die Ebene der Sammlung, der Hingabe und der Introversion, die Atem-Energie-Ebene, die Wahrnehmung der Innerbewegung (z.B. der Atembewegung), die Verwurzelung in die Erde (die Integration der „inneren" Erde), die kosmische Ordnung als eigene Innerordnung wahrnehmen. Die HARA-Ebene II entspricht einem „inständlichen" Spürbewusstsein.

Auf der HARA-Ebene III, der Ebene der Präsenz, des Gewahrseins, der bewussten „Zentroversion" (Gestaltung und Wandlung aus dem Selbst) tritt der Mensch wieder heraus mit der Frucht des Innenweges (offen, angstfrei und im Vertrauen), frei von unstimmigen Gewissensforderungen und in neuer Weise die „Gesetze" von Erde und Himmel erfüllend (sowohl in der weltlichen als auch in der inneren Ordnung stehend).

Er lässt das Wesen, das in ihm anwesende transzendente Sein, „hindurchtönen" (lat. „personare") und offenbar werden in der Welt (Dürckheim). Er geht mitten unter die Menschen und „kommt herein auf den Markt mit offenen Händen. Wie es ihm gefällt, besucht er die Weinkneipen und Fischbuden, um die betrunkenen Menschen zu sich selbst erwachen zu lassen." (Ohtsu, 1958, S. 49 und Kapitel zu „Der Ochs und sein Hirte" in diesem Buch).

Die Atembewegung kann frei und ungehindert Himmel und Erde, Oben und Unten, sowie Außen und Innen verbinden. Auch der Hintergrund (Rücken) und die mitmenschlichen Seiten (Flanken) sind an die Atembewegung und ans Bewusstsein angeschlossen. Die HARA-Ebene III entspricht einem integralen Bewusstsein.

So beginnen wir sowohl in der Gruppen- als auch oft in der Einzelarbeit mit Übungen der HARA-Ebene I. „Jede Atemtherapie, wie jedes Atemexerzitium muss mit der Verankerung im rechten Schwerpunkt (HARA) beginnen. Solange er nicht gefunden und gefestigt ist, ist der Erfolg aller Bemühungen von fraglichem Wert und kurzer Dauer." (Dürckheim, 1975)

Die Dreisatz-Übung

Aus der Vielzahl der möglichen Übungen möchte ich als praktisches Beispiel einer Übung aus HARA-Ebene I die Dreisatz-Übung in der Kolbenbewegung näher beschreiben. Sie hilft uns HARA aufzubauen, spricht direkt den Beckenboden an und dient uns daher auch oft als Einstieg in die Stimmarbeit, bei der ein wichtiges Moment der Stimmansatz von unten, vom Beckenboden aus, darstellt.

Der Beckenboden (lat. „diaphragma pelvis"), das Becken-Zwerchfell, wie es übersetzt heißt, stellt einen Teil der exspiratorischen Bauchwandmuskulatur dar (Schmitt, 1956) und hat einen direkten Bezug zum Zwerchfell (lat. „diaphragma").

Wir wollen zuerst diesen Bezug wieder herstellen, den bei den meisten Menschen erschlafften Beckenbodentonus wieder aufbauen und damit eine Basis und einen festen Boden schaffen, die Voraussetzung für den weiteren Weg der Gegensatzvereinigung sind.

Das Ich-Bewusstsein kann sich auch erst dann oben loslassen, wenn es sich vom Unten getragen erfährt und einen festen Grund und Halt von unten hat, auf den es sich niederlassen kann. Umgekehrt kann es sich in der Wirbelsäule nur von einem gefestigten Beckenboden aus frei aufrichten, ohne sich hochzuziehen.

Es geht also entsprechend der HARA-Ebene I zuerst darum, über die Extraversion die Erde anzunehmen sowie auf und an ihrem Widerstand zu wachsen.

Vorbereitung zur Dreisatz-Übung in der Kolbenbewegung

Wir sitzen entweder auf einem Hocker (oder Stuhl ohne Armlehnen) mit beiden Fußsohlen fest am Boden und mit den Knien in Beckenbreite (offene Illiosacral-Gelenke) oder noch besser auf einem Meditationssitzkissen mit seitlich nach hinten umgeschlagenen Unterschenkeln jeweils auf der vorderen Hälfte der Sitzfläche. Indem die Knie ein paar Zentimeter niederer sind als das Becken, sind die Leisten durchlässig. Durch eine leichte Beckenneigung nach vorne wird der Unterbauch (HARA) frei und dadurch sowohl der Bauch-und Zwerchfellatem verstärkt als auch die freie, selbsttragende Aufrichtung der Wirbelsäule erleichtert, ohne anzulehnen.

Um den Beckenboden gleich noch mehr ans Bewusstsein zu heben, legen wir die Hände darunter. Wir können dabei unsere untere Begrenzung und die beiden festen Sitzbeinhöcker spüren und lassen uns vertrauensvoll in unsere eigenen Hände nieder. Schon dadurch kann es reflektorisch zu einer vertieften Zwerchfell- bzw. Bauchatmung kommen. Nachdem wir uns gut in den Kontakt zwischen Hände und Beckenboden eingelassen haben, lassen wir uns in einer Wiegebewegung im Becken nach hinten auf das Steißbein nieder und kommen dann wieder zurück auf die Höhe der Sitzbeinhöcker und lassen uns nach vorne in Richtung Schambein nieder. Wir nehmen kurz bevor wir wieder auf die Höhe der Sitzbeinhöcker zurückkommen die Hände heraus, sodass wir etwas vor den Sitzbeinhöckern sitzen und dadurch in der Wirbelsäule vom Becken her frei aufgerichtet sind, ohne dass wir uns halten oder anlehnen müssen.

In dieser leichten Beckenneigung nach vorne kann sich der Unterbauch (HARA) frei entfalten. Dabei liegen das Zwerchfell und der Beckenboden (das Beckenzwerchfell) parallel übereinander und die Atembewegung (die Kompressionswelle, die im Einatem durch die Senkung des Zwerchfells entsteht) kann im Idealfall bis in den Beckenboden durchschwingen, wodurch auch die Organe des Bauch-Becken-Raumes sanft durchmassiert werden.

Dieses Zusammenschwingen von Zwerchfell und Beckenzwerchfell können wir auch während dem Ausatem mit dem kurzen SCH erfahren, das wir mit unseren Händen, wenn wir sie dabei nochmals unter den Beckenboden legen, spüren können, indem sich der Beckenboden jeweils nach unten hin auswölbt. Dabei wird durch die Artikulation des SCH mit den Lippen und den Zähnen eine Schleuse für den Ausatem gesetzt, der durch die Längswölbung der Zunge direkt auf diese Schleuse, die Innenseite der Schneidezahne geführt wird. Durch den Widerstand (HARA-Ebene I = Wachsen am Widerstand), den diese Schleuse dem Ausatem entgegensetzt, kann nicht gleich der ganze Ausatem ausströmen, sondern es entsteht ein Zurückfluten, wie bei fließendem Wasser, das durch eine Schleuse zurückgestaut wird. Dies bewirkt eine starke Anregung des Zwerchfells, das in der Bewegung nach oben während der Ausatemphase eine Federung nach unten durch den zurückflutenden Ausatem erfährt. Diese Federung, die sich wie Trampolinspringen auf dem Zwerchfell bzw. wie eine Kolbenbewegung (auf-ab) anfühlt, kann in der zuvor beschriebenen Sitzhaltung bis in den Beckenboden durchschwingen, wie wir es schon erfahren haben.

Dadurch wird ein stärkerer Tonus im Beckenboden und den tiefen Bauchdecken aufgebaut sowie die Atembewegung angeregt und vitalisiert. Der nach dem kurzen SCH, nach dem Loslassen der SCH-Lippen- Artikulationsform, jeweils von selber einfallende Einatem lässt uns die ganze Fülle des Bauch-Becken-Raumes (HARA) erfahren, der von der Einatembewegung erfasst wird.

Die Dreisatz-Übung in der Kolbenbewegung
Die jetzt unmittelbar darauf anschließende eigentliche Dreisatz-Übung in der Kolbenbewegung verläuft in drei Phasen:

Dreimal langes SCH, zweimal ausstöhnen, einmal puh- puh- puh- ...

Wir nehmen zuerst dreimal ein langes SCH, bei dem so wie beim kurzen SCH durch die Schleuse der Lippen und der Zähne nicht gleich der ganze Ausatem ausströmt, sondern ein Teil zurückflutet. Es kommt jetzt aber nicht mehr zu einer Federung des Zwerchfells (der Beckenboden wölbt sich dadurch auch nicht mehr nach unten aus), jedoch wird durch das lange SCH ein stärkerer und längerer Sauerstoff-Kohlendioxyd-Gasaustausch in den Lungenbläschen (Alveolen) ermöglicht und eine Hyperventilation (nach dem kurzen SCH) vermieden.

Nach dem langen SCH, bei dem wir immer wieder den Einatem ins Becken haben kommen lassen, stöhnen wir zweimal tief aus (wie durch ein Ofenrohr vom Beckenboden nach oben).

Durch die weit geöffnete Mundhöhle (die einen Bezug zur Beckenhöhle hat), das weite Gaumensegel, die geöffneten Kiefergelenke und die Artikulationsform des offenen Ô werden beim Ausstöhnen vor allem die tiefen Lungenbereiche (Lungenbasis bzw. untere Lungenlappen) durchgereinigt und Stoffwechsel-Schlacken abgegeben. Neben der passiv-tonischen Beteiligung kommt es hier zur aktiv-exspiratorischen Funktion des Beckenzwerchfells bei tiefer Ausatmung, wodurch der Beckenboden gekräftigt wird (Schmitt, 1956).

Nach zweimaligem tiefen Ausstöhnen geben wir mit dem nächsten Ausatem die aufgebaute Energie (bzw. den Tonus) nicht einfach wieder ab, sondern binden sie ins Gewebe ein, indem wir den Ausatem mit „puh-puh-puh…" liebevoll durch den p-Verschluss mit den Lippen jeweils kurz einhalten.

Danach können wir bei geschlossenem Mund den nachfolgenden Einatem im Beckenraum empfangen, die Wirkungen gut nachspüren und die Früchte der Übung (Eutonisierung, Zwerchfellatmung, tiefe Reinigung, erhöhte Sauerstoffaufnahme, leibliche und geistige Belebung und Präsenz) erfahren.

Nach ausreichendem Vollzug von Übungen der HARA-Ebene I, wobei ich in der Gruppenarbeit vor allem Ich-schwachen Teilnehmer/innen auch die Übung auf HARA-Ebene I für zuhause empfehle, sind wir durch das Wachsen am Widerstand, das Annehmen der Erde, die Konfrontation mit der Welt, die Vitalisierung der Atmung und die Verankerung im Beckenboden soweit zu einer Ich-Stärkung und -Festigung gelangt, dass wir uns entsprechend HARA-Ebene II auf das Innen, die Introversion, die Innerbewegung einlassen können.

Der Weg der inneren Gegensatzvereinigung

Hier beginnt der Weg der inneren Gegensatzvereinigung. Dieses Hineingehen (lat.: inire) im Sinne der Initiatischen Therapie soll „das Tor zum Geheimen öffnen" (Dürckheim). Das Geheime sind wir selber in unserem Wesen. Das Wesen ist die Weise, in der das transzendente, Ich-übersteigende Sein (Himmel und Erde) in uns anwesend ist und durch uns offenbar werden möchte in der Welt (= HARA-Ebene III).

Die Initiation, die nun stattfinden soll, meint ein Sich-Einlassen auf die innere Erde. Der Ort dieser Einweihung war immer schon die Höhle, in unserem Fall, im Leib, die Beckenhöhle.

Dieses innere Wandlungsgeschehen, das wir mit der Verwandlungsbewegung des Atems erleben können, entspricht im Mythos der Wandlung des Helden, wie wir sie unter anderem in der Nachtmeerfahrt der Sonne, in der Unterweltfahrt des Osiris-Mythos und in der Wandlung Jonas im Bauch des Walfisches wiederfinden.

Indem wir uns während den drei Phasen der Atembewegung (Ausatem – Atemruhe – Einatem) bewusst an die drei Phasen dieses Wandlungsweges anschließen, können wir existentiell erfahren, dass und auf welche Weise die drei Atemphasen schon alle Stationen des großen Weges der Gegensatzvereinigung enthalten.

Die äußere Haltung in der wir diese „Initiatische Meditation" üben, ist die zuvor beschriebene Sitzhaltung auf dem Hocker oder auf dem Sitzkissen (wie unter: „Vorbereitung zur Dreisatz-Übung in der Kolbenbewegung" beschrieben) und entspricht der der ZEN-Meditation (wie im Kapitel: „ZEN-Meditation als Weg ganzheitlicher Spiritualität" beschrieben).

Wenn es uns möglich ist, können wir auch auf dem Sitzkissen den Diamantsitz einnehmen, bei dem wir beide Unterschenkel vor uns legen, mit beiden Fersen voreinander, oder den halben oder vollen Lotossitz, bei dem wir einen oder beide Fußrücken auf den jeweils anderen Oberschenkel legen. Dabei sollten die Knie den Boden berühren und tiefer liegen als das Becken, wodurch sich der Unterbauch ohne Einengung entfalten kann und die Leisten offen und durchlässig sind (für Atem, Durchblutung und Energie).

Die durch diese Sitzhaltung noch breitere und kraftvollere Basis der Beine und des Beckens ermöglicht uns noch leichter die freie Aufrichtung der Wirbelsäule, was für den ungehinderten Verlauf der Atembewegung von besonderer Bedeutung ist, denn Fehlhaltungen der Wirbelsäule hängen unmittelbar mit Atemfehlformen zusammen.

Im Sinne der Gegensatzvereinigung geht es nun um das rechte Verhältnis zwischen Horizontaler und Vertikaler, zwischen Großer Mutter und Großem Vater, zwischen Erde und Himmel.

In der Sitzhaltung entspricht dies dem rechten Verhältnis zwischen der geerdeten Beckenbreite und der frei aufgerichteten Wirbelsäule. Der durch Übungen der HARA-Ebene I gefestigte Bauch-Becken-Raum (HARA) verhindert dabei sowohl das Absacken und Auseinanderfließen in die Horizontale der Erde, als auch das Sich-Abheben in der Vertikalen nach oben zum Himmel hin.

Die klare äußere Haltung gibt uns auch für den inneren Weg der Wandlung und Integration, auf den wir uns nun über die drei Atemphasen einlassen, Halt und Klarheit.

Verwandlungsbewegung des Atems

Die von Karlfried Graf Dürckheim entwickelte Grundformel der Verwandlung (Dürckheim, 1976, S. 143) intensiviert dieses innere Wandlungsgeschehen, indem sie jede Atemphase entsprechend ihrer existentiellen Bedeutung mit inneren Worten verbindet.

Dadurch wird ein, dem abendländischen Menschen gemäßes, personales Exerzitium geschaffen, ein täglicher Übungsweg, der uns immer mehr zur Person werden lässt, durch die das transzendente Sein hindurch tönen kann (lat.: personare).

Dabei verbinden wir den Beginn des Ausatems mit den inneren Worten „sich loslassen", das Ende des Ausatems mit „sich niederlassen", die Atempause bzw. Atemruhe mit „sich einswerdenlassen" und den von selbst einströmenden Einatem mit „sich neu kommenlassen".

Schauen wir uns nun die existentiellen Leib- und Atemerfahrungen sowie die mythologischen Entsprechungen der einzelnen Phasen dieses Atem- Weges, auf den wir uns als ganzer Mensch einlassen, genauer an:

Wandlung im Ausatem

Mit dem Beginn des Ausatems, mit dem „Sich Loslassen", lassen wir nicht nur die hochgezogenen, angespannten Schultern los (im Sinne des gegenständlichen Bewusstseins), sondern wir lassen uns selber in unseren Schultern los (im Sinne des inständlichen Spürbewusstseins). Wir lassen uns als ein, durch Übungen der HARA-Ebene I gestärktes Ich, das im Mythos der Gestalt des Helden entspricht, von der negativen Seite des Großen Vaters (vom Festhalten und Absichern am Oben) los und überschreiten mit Hilfe seiner positiven Seite (Klarheit und Wachheit) die „Schwelle zur Unterwelt".

Die Schwelle entspricht dabei im Leib dem mittleren Raum, vor allem dem Zwerchfell (diaphragma), das außer für die Speiseröhre und die Blutgefäße eine durchgehende Scheidewand zwischen oben und unten, Brustraum und Bauchhöhle bildet.

Wir überschreiten diese Schwelle durch das Loslassen auch der Verspannungen und Festhaltungen im Zwerchfell und im ganzen Mittenraum

(= Organring von Magen, Leber, Nieren und Milz), was wir schon mit der Dreisatz-Übung in der Kolbenbewegung vorbereitet haben. Im weiteren Verlauf des Ausatems lassen wir uns auf die „Nachtmeer- und Unterweltfahrt", auf den „Sprung in den Brunnen" ein.

„Nachtmeer- und Unterweltfahrt" (Josef wird in den Brunnen gestoßen; Grablegung, mit der die „Höllenfahrt" Christi beginnt; Jona wird vom Walfisch verschlungen) aus der „biblia pauperum", deutsche Ausgabe, 1471

Wir steigen dabei weiter hinab in die Tiefe, um uns am Ende des Ausatems im Bauch-Becken-Raum vertrauensvoll niederzulassen (mit „sich niederlassen"). Dort können wir neuen Halt erfahren und so den HARA-Raum auch von innen einnehmen und einwohnen.

> *Der Himmel ist in dir*
> *und auch die innre Hölle;*
> *wenn du dich darin liebst,*
> *dann wird das Dunkel helle.*

(Walch, 2007, S. 231)

Obwohl in der Ausatemphase die Zwerchfellkuppeln nach oben steigen, wird der Ausatem allgemein als eine Bewegung nach unten empfunden, weil sich dabei die Rippen senken und die Ausatemluft zuerst von den oberen und danach von den unteren Bereichen der Lunge ausströmt. Umgekehrt füllt die Einatemluft die Lunge von unten nach oben (Fischer, 1970).

Der durch die Verbindung mit inneren Worten verlängerte Ausatem hilft uns, alte Identifizierungen, Festhaltungen und Absicherungen aufzugeben und loszulassen. Dem entsprechend ermöglicht er uns auf physiologischer Ebene, die alte, verbrauchte Atemluft mit den Stoffwechselschlacken abzugeben. Durch die Verstärkung der Herzmuskelkontraktion wird gleichzeitig sauerstoffreiches Blut den Körperzellen zugeführt und dadurch die innere Atmung gefördert.

Wandlung in der Atempause
In der nach dem Ende des Ausatems folgenden Phase der Atempause bzw. Atemruhe kann sich nun das „Sich Einswerdenlassen" mit dem Grund ereignen. Dabei erfolgt durch die Einswerdung mit dem Beckenboden die Verwurzelung in der Erde und deren Integration im leiblichen, seelischen („Seelengrund") und geistigen Sinne („Geist der Erde" als „Sophia-Geist" – Neumann, 1992, S. 43 und 2005a).

> *Der Himmel ist in dir*
> *und paart sich mit der Erde,*
> *auf dass bis in den Stoff*
> *der Mensch erleuchtet werde.*
>
> *Der Himmel ist in dir.*
> *Er ist der Geist der Erde.*
> *Auf dass die Erd in dir*
> *einst wieder Sonne werde.*

(Walch, 2007, S. 242/243)

Im mythologisch-tiefenpsychologischen Prozess werden jetzt durch die mutige Tat des Helden die negativen, festhaltenden Aspekte der Großen Mutter überwunden. Dadurch kommt es zur Befreiung ihrer positiven Aspekte und zur Herauslösung des Wandlungscharakters aus dem Elementarcharakter der Großen Mutter (Neumann, 1956 und 1987, 1949 und 2004). Das Becken verwandelt sich dabei vom ursprünglich bedrohlichen und verschlingenden Abgrund zum Geist-Wandlungsgefäß, das wir auch in der Symbolik des Taufbeckens und des Abendmahlkelches wiederfinden, in das sich das Ich-Bewusstsein immer wieder zur schöpferischen Wandlung anheimgibt. Das heldische Ich-Bewusstsein erlebt sich dadurch als zeugend, in dem es sich mit der befreiten weibliche Geist-Wandlungsseite (Sophia, Anima) zur alchemistischen „Heiligen Hochzeit" im sogenannten „hieros gamos", in der „coniunctio oppositorum", der Vereinigung der Gegensätze verbindet.

Alchemistische Darstellung der „coniunctio oppositorum"- „Rosarium philosophorum", 1550

So sind wir nun am Ende des Ausatems, in der Atemruhe, der Regenerationsphase der Atmung, in der jede Atembewegung zur Ruhe gekommen ist und sich die Ein- und Ausatemmuskulatur entspannen kann, „zurückgekehrt in den Grund und Ursprung" (Ohtsu, 1958, und Kapitel zu „Der Ochs und sein Hirte" in diesem Buch).

> *Der Himmel ist in dir,*
> *er ist der ewige Grund*
> *hier und an jedem Ort,*
> *jetzt und in jeder Stund.*

(Walch, 2007, S. 279)

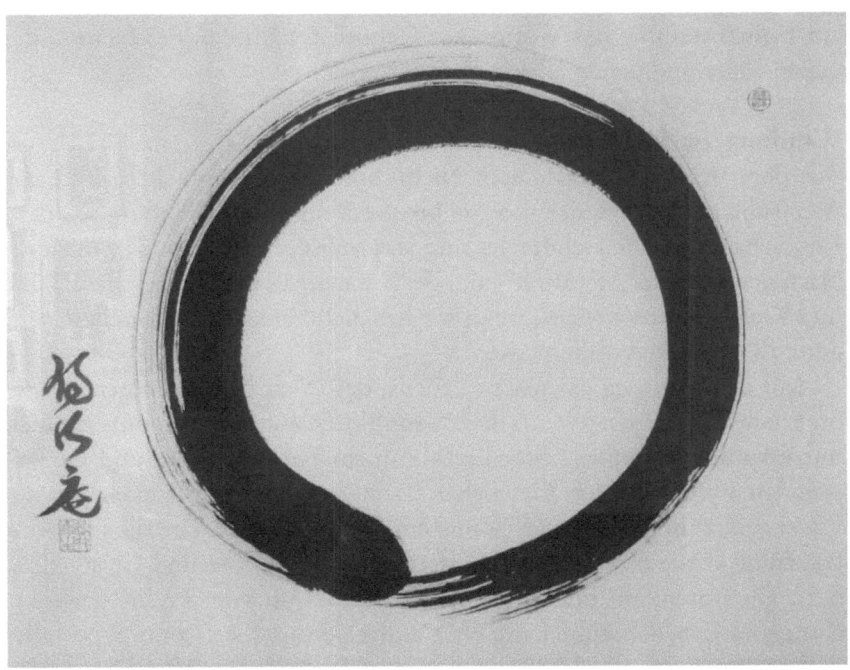

ZEN-Kreis aus Kamakura (Japan)

Wir sind eingegangen in das Ungeschaffene, aus dem die Atembewegung immer wieder hervorgeht und zurückkehrt, wie ein schöpferischer Prozess. Wir sind jetzt auf unserem Weg durch die Unterwelt am tiefsten Punkt angelangt, dort wo im Mythos der alte Sonnengott Re seiner Barke entsteigt und mit dem Totengott Osiris umarmend eins wird, wo sich Leben und Tod begegnen, verwandeln und erneuern („unio mystica").

Der Himmel ist in dir
in deiner Atemstille,
wo du dich ganz vereinst
mit dem All-Welten-Wille.

(Walch, 2007, S. 249)

Am Mitternachtspunkt, der der Wintersonnwende bzw. Weihnachten im Jahreskreis entspricht, an dem der Geist bis in die Materie, der Himmel bis in die Erde hinabgestiegen ist und sich mit ihr vereinigt, kommt es zur Erweckung des „Geistes der Erde" (Neumann, 1992, S. 43 und 2005a), zur Fleischwerdung des Wortes, zur Geburt des Kindes, des Lichtes, des neuen Tages und neuen Jahres.

Wandlung im Einatem

Aus dem tiefsten Dunkel, dem Nichts und der gesammelten Stille der Atemruhe heraus ereignet sich die Neuwerdung und Schöpfung aus dem Ungeschaffenen, die Geburt des nun von selbst einströmenden Einatems. Nach der Leere der Atemruhe kann der Einatem als Gnadengeschenk Fülle und Kraft erfahren werden, wenn wir ihn nicht willentlich einziehen, sondern uns von ihm erfüllen lassen.

Mit dem Aufstieg des neuen Lebens, des „Sich-Neu-Kommenlassens" im Einatem, wachsen wir aus dem Gestaltlosen auf zu neuer, unverstellter, uns ursprünglich zugedachter und nunmehr befreiter Atem-und Leibgestalt. Im mythologischen Geschehen kommt es jetzt zur Rückkehr aus der Unterwelt, zum Aufgang der Sonne am Osthorizont (=Schwelle) zur Auferstehung (Ostern) und zur „Wiedergeburt aus Wasser und Geist" (Joh. 3,5). Die unten, am tiefsten Punkt des Leibes und der Psyche geweckte Kraft und Lebensenergie kann jetzt aufsteigen und sich zum Segen aller ausgestalten in einmaliger Weise mitten in der Welt (=HARA-Ebene III).

Meergeburt der Aphrodite (attisch-ionisch, um 480 v. Chr.)

„Ein Bild idealer Form, die eine optimale Funktion größter Bewegungsfreiheit und ‚federnden Schwebens' bei tiefster Einatmungsentfaltung des Brustkorbes verspricht, zeigt auch hier die Kunst der Antike (Bild S. 68)). Auch hier empfinden wir als unvergleichlich edel und schön, was gleichzeitig Ausdruck idealer Gesundheit und physiologischer Wertigkeit ist." (Schmitt, 1956).

Wandlung zur Ganzheit

Der sich zur ganzen Fülle entfaltende Einatem ist die Frucht des zuvor beschriebenen rechten Ausatems. Die lebensspendende Aufnahme von Sauerstoff im Einatem ist abhängig vom im Ausatem abgegebenen Kohlendioxid. Das Emporwachsen im Einatem zu neuer Gestalt ist das Ergebnis der Hingabe der alten Gestalt im Ausatem und des Einswerdens mit dem Grund in der Atemruhe.

Nach der Rückkehr über die Schwelle, die im Leib dem Zwerchfell entspricht, sind wir durch die Gegensatzvereinigung und Integration von Himmel und Erde, oben und unten, Großem Vater und Großer Mutter zur Mitte gelangt, die wir im Mittenraum, in der Gegend des Sonnengeflechts (Solarplexus) erfahren können (Dürckheim, 1986, S. 160). Diese nun ungehindert und frei in der Atembewegung schwingende Mitte ist zur lebendigen Verbindung geworden, die immer wieder den Ausgleich zwischen den Gegensätzen herstellt. Die Atembewegung nimmt jetzt, als Ausdruck der wiedergewonnenen Ganzheit, die Gestalt eines Mandalas an, einer zentrierten Kugel, indem sie sich vom Kern, von der Mitte aus in alle Richtungen und Gegenden des Leibes harmonisch und unverstellt ausweiten kann (costo-diaphragmaler und sterno-costaler Mechanismus). (Middendorf, 1987, S.187).

Durch die bei dieser Initiatischen Meditation halb geöffneten Augen, die verhindern, dass wir uns im Außen verlieren (Extraversion, HARA-Ebene I) oder uns nach innen zurückzuziehen (Introversion, HARA-Ebene II) kann sich in der „Großen Erfahrung" auch die Vereinigung der Gegensätze von Innen und Außen ereignen (Zentroversion, HARA-Ebene III, integrales Bewusstsein). Aus der Mitte, der Gegend des Solarplexus, des zentralen Sympathikus-Nervengeflechts kann „die Erfahrung der Einheitswirklichkeit und die Sympathie aller Dinge" aufleuchten (Neumann, 1959, S. 59, und 1995, S. 61, sowie 2005b). Die Erfahrung der Einheit und der Sympathie, des Mitgefühls mit allem führt uns mitten unter die Menschen, zum freiwilligen, segenspendenden Dienst.

Wir überschreiten dabei unsere eigenen Grenzen und unser Atem, wie unsere ganze Lebensbewegung, schließt sich an den „Großen Atem", die Bewegung des „Großen Lebens" an. Und so, wie der „Große Atem" ewige Verwandlungsbewegung, ewiges „Stirb und Werde" ist, so ist auch die persönliche, voll entfaltete Atem- und Leibgestalt, die wir in der Fülle des Einatems erfahren, nie endgültig. Wir müssen sie vielmehr, wollen wir nicht am Ende des Einatems erstarren, immer wieder von neuem im Ausatem anheimgeben. Und da die Gegensatzvereinigung und die daraus erfahrene Verwandlung nie gänzlich abgeschlossen sind, sind wir am Ziel, wenn wir weiterhin auf dem Weg der Gegensatzvereinigung und Wandlung bleiben.

Der Himmel ist in dir,
bleib auf dem Weg der Wandlung,
dann bist du schon am Ziel
auch ohne äußre Handlung.

(Walch, 2007, S. 282)

Zwölf Übungseinheiten mit praktischen Leib-, Atem-, Stimm- und Vokalraum-Übungen

Personale Leib-, Atem- und Stimmarbeit auf der Grundlage der Initiatischen Therapie

Die hier zusammengefassten Übungsanleitungen (auf der Grundlage meiner fünfjährigen Ausbildung in Initiatischer Therapie bei Hildegund Graubner in München in den 1980er Jahren) sind die Essenz aus der Personalen Leib-, Atem-, Stimm- und Vokalraum-Arbeit in zwölf Einheiten, so wie sie sich in meinen Einführungsseminaren seit drei Jahrzehnten in ihrem Aufbau und ihrer Abfolge weiter entwickelt und bewährt haben.

Dabei werden wir uns in allen leiblichen Grundhaltungen einüben: Ins Liegen, Sitzen, Stehen und Gehen.

So antwortete ein ZEN-Meister auf die Frage, wie er sich übe: „Wenn ich sitze, dann sitze ich. Wenn ich stehe, dann stehe ich. Wenn ich gehe, dann gehe ich." Auf die Frage, ob wir das nicht auch tun, antwortete er: „Wenn ihr sitzt, dann steht ihr schon. Wenn ihr steht, dann geht ihr schon. Wenn ihr geht, dann seit ihr schon am Ziel."

> *Der Himmel ist in dir*
> *im Schlafen und im Wachen,*
> *im Schaffen und im Lassen,*
> *im Weinen und im Lachen.*

(Walch, 2007, S. 283)

Die folgenden zwölf Übungseinheiten bauen aufeinander auf und vermitteln einen Schulungsweg, um als ganze Menschen stimmig und wesentlich zu werden.

> *Mensch werde wesentlich!*
> *Denn wann die Welt vergeht,*
> *So fällt der Zufall weg,*
> *das Wesen, das besteht.*

(Angelus Silesius, 1979, S. 56)

Ausgehend vom vitalen Ansatz (HARA-Ebene I) werden wir immer mehr in ein feines, inneres Erspüren von Leib-, Atem-, Energie- und Vokalräumen kommen (HARA-Ebene II) sowie vom gegenständlichen Körperbewusstsein zu einem „inständlichen" Leib-Spürbewusstsein (Dürckheim, 1973, S. 169 und 1978, S. 140). Darüber hinaus lassen wir uns auf subtile, feinstoffliche, innen und außen überschreitende Leib-, Atem-, Energie- und Klangraum-Erfahrungen ein, die auch den Umraum mit einbeziehen (HARA-Ebene III).

Wir beginnen mit zwei HARA-Übungseinheiten mit Personaler Leibarbeit im Stehen und werden ab der dritten Einheit die Personale Atem-, Stimm- und Vokalraum-Arbeit mit HARA-Übungen im Sitzen dazu nehmen. In der fünften Einheit lassen wir uns auf unseren Hintergrund ein mit einer Rückenübung im Liegen. Die sechste und die siebte Einheit umfassen weitere Leib-, Atem-, Stimm- und Vokalraum-Übungen im Sitzen. In der achten Einheit vermittle ich die „große Atemübung" im Stehen. Die Übungseinheiten neun bis elf behandeln die restlichen Vokalräume bis wir in der zwölften Einheit zum Abschluss alle Leib-, Atem-, Stimm- und Vokalräume zusammenfassen werden.

Die zwölf Übungseinheiten sind auch eine ausgezeichnete Vorbereitung für die ZEN-Meditation durch die Förderung der rechten Haltung, Zentrierung im HARA, Wohlspannung (eutone Balance) und ganzheitlichen Atemerfahrung.

So empfiehlt es sich, nach jeder Übungseinheit eine ZEN-Meditation (ZAZEN) anzuschließen, so wie ich sie im zweiten Kapitel „ZEN-Meditation als Weg ganzheitlicher Spiritualität" beschrieben habe. Dort finden wir auch die Übung der Meditation im Stehen und Gehen (KINHIN) die sich gut zwischen den Leib-, Atem- und Stimm-Übungen im Sitzen und der Sitz-Meditation (ZAZEN) einfügen lässt.

(Hinweise: - Audio-CDs und Video-DVDs einzelner Übungen sind beim Autor erhältlich: gerhard@walch.jetzt
- Der Autor vermittelt die zwölf Übungseinheiten in seinem Seminar „Leib – Atem – Stimme / ZEN - Meditation I" über jeweils 12 Abende pro Semester. Informationen unter: www.walch.jetzt.

Übung 1: HARA-Ebene I
Standfestigkeit und Aufrichtung

Durch den Raum gehen und sich spüren: Wie bin ich da? Wie ist mein Kontakt zum Boden? Wie ist mein „Auftreten"? Wie ist meine Aufrichtung? Wie „geht" es mir? Wie erlebe ich den Raum und die Anderen?

Zu den Themen Abgrenzung, Ich-Stärkung, Unterscheidung, Trotzalter: Trotziges Aufstampfen mit abgrenzender Gebärde der Hände mit „Nein!" (Varianten: „Stopp!", „Schluss!", „Aus!", „Fertig!", „Nicht mit mir!"). Mehrmals wiederholen, zuerst rechts, dann links; jeweils veränderten Bodenkontakt spüren.

Ganzheitlicheres Stampfen auf Zehenballen und gleichzeitig kraftvolle Gebärde der Hände von unten nach oben (wie Kraft schöpfen) und ein klares „Ja!" zu sich selber sagen. Mehrmals wiederholen, zuerst rechts, dann links; jeweils veränderten Bodenkontakt und Veränderung in den Beinen spüren.

Fuß auf Zehenballen stellen und Zehen nach vorne rollen und sich dabei nach vorne beugen (Arme locker hängen lassen); dann sich wieder aufrichten und dabei Fuß zurück auf Zehenballen stellen. Mehrmals wiederholen, zuerst rechts, dann links; jeweils veränderten Bodenkontakt und Veränderung in den Beinen spüren.

Hände seitlich rechts und links mit Fingern nach unten an den Beckenkamm legen. Eine Handlänge nach unten streichen, bis die Trochanter (= Rollhügel der Oberschenkelknochen) in den Handtellern liegen. Sich dort mehrmals hin- und her-wiegen und eine innere Verbindung entstehen lassen und sich auf die tragende Breite dieser unteren Becken- bzw. Trochanter-Achse einlassen.

Sich mit den Händen an den Trochantern in diese untere Achse bis in die Horizontale fallen lassen, einmal nachschwingen und sich wie von selbst mit dem Schwung wieder aufrichten (wie Stehaufmännchen mit Schwerpunkt im HARA). Variante: Zum Fallen und Nachschwingen mit Aufrichten die beiden Silben „fal-len" sprechen). Mehrmals wiederholen und Veränderung spüren.

Wirbelsäule abrollen: Wirbel für Wirbel (wie eine Kette über ein Zahnrad gleitet); dabei Kopf, Nacken, Schultern und Arme loslassen und Wirbelsäule weiter abrollen bis wir an die Grenze der Beweglichkeit kommen. Mit abgerollter Wirbelsäule mit Hilfe jeder Ausatembewegung Spannungen abgeben und noch weiter loslassen. Knie sind gerade, weder angewinkelt, noch durchgedrückt. Sich dann wieder aufrichten: Dabei Aufrichtungsimpuls von den Fersen ausgehen lassen, weiter über Beine, Becken und Kreuzbein, dann Wirbel für Wirbel von unten nach oben. Erst nachdem die Schulterblätter und die Halswirbel wieder aufgerichtet sind, sich im Kopf aufrichten und tragen lassen.

Nochmals durch den Raum gehen und die Veränderungen zum Anfang spüren. Sich nochmals die Fragen vom Anfang stellen und Unterschiede wahrnehmen.

Übung 2: HARA-Ebene II
Zentrierungsübung (Hara- und Wurzelübung)

Durch den Raum gehen und sich spüren.

Im Stehen mit den Händen das Becken rundherum abklopfen.

Mit den Fingerkuppen drei Finger breit unterhalb vom Nabel eindringen und mit kräftigem Ausstoßen der Luft mit „phhh!" wieder herauswerfen.

Fingerkuppen auf diesen KI-Energiepunkt (= „Meer der Energie", KI KAI TANDEN = „Ort vor jeglicher Gestalt") legen und gegen den Widerstand der Finger durch den Raum gehen. (Dieser Widerstand kann auch mit der Faust von einer zweiten Person ausgeführt werden, gegen deren Widerstand wir gehen).

Dabei die Schwerpunktverlagerung ins HARA (Bauch-Becken-Raum) spüren sowie die KI-Kraft, die davon ausgeht und die stärker ist als die Muskelkraft des Arms, der Widerstand gibt.

Die linke Hand auf diesen KI-Energiepunkt, die rechte seitlich auf die rechte Beckenseite legen. Den rechten Fuß auf den Zehenballen stellen und eine Drehbewegung des Fußes ausführen (wie Mulde in die Erde formen). Vertiefung spüren. Dann die andere Seite dazu nehmen (mit rechter Hand auf HARA und linker Hand auf der linken Beckenseite und mit linkem Fuß formen). Den vertieften Bodenkontakt von beiden Zehenballen spüren.

Von den beiden Fußsohlen gleichzeitig Wurzeln in die Erde wachsen lassen: Zuerst von den Groß-Zeh-Ballen aus, dann von den Klein-Zeh-Ballen, zuletzt von den Fersen aus. Die Wurzeln spüren: Wie lang, dick, tief sind sie? Welche Farbe haben sie? Die Wurzeln haben mit unserer Herkunft zu tun.

Eine Hand auf den Scheitel legen und von dort die vertikale Verbindung nach unten spüren. Die Mitte zwischen Scheitel und Fußsohlen spüren und an diesem Punkt zweite Hand auflegen (= KI-Energiepunkt). Dann die Hand vom Scheitel auf das Kreuzbein (gegenüber KI-Energiepunkt) legen und Horizontale Verbindung zwischen Kreuzbein und Unterbauch spüren. Spüren der inneren Mitte im HARA, wo sich Vertikale und Horizontale treffen.

Mit aufgelegten Händen von dieser inneren Mitte aus durch den Raum gehen (die Wurzeln dabei mitnehmen oder mit jedem Schritt neue Wurzeln wachsen lassen). Beim Gehen von der Mitte aus nach hinten zum Kreuzbein spüren und nach vorne zum Unterbauch sowie nach oben zum Scheitel und nach unten in die Fußsohlen und Wurzeln. Gelassenes Schreiten aus der inneren HARA-Mitte spüren (ganz bei sich im Innen und gleichzeitig offen für das Außen da sein). Unterschied zum Anfang wahrnehmen.

Übung 3: Stimme Ô
Einführung in die Stimmarbeit

In der Vierbeiner-Haltung: Sich in alle Leibräume hinein dehnen und
den Atem mit den Dehnungen kommen und mit dem Zurückschwin-
gen gehen lassen; Wirbelsäule nahe am Boden von hinten nach vorne (wie
Schlange) und nach oben gedehnt (wie Katzenbuckel) wieder nach hinten bewegen; wedeln (mit Steißbein wie Hundeschweif) und Lockerung
im Becken spüren; Zähne zeigen und knurren, dabei Vibration bis in den
Bauchraum spüren; vom Knurren ins Bellen kommen und einzelne Bell-
bewegungen über das Zwerchfell bis in den Beckenboden spüren.
Von der Vierbeiner-Haltung in den aufrechten Stimmsitz (Sattelsitz) auf das
Sitzkissen kommen und Nachwirkung spüren (Erdung und Aufrichtung).

Reiten auf dem Sitzkissen mit „hopp!" (zusammenschwingen von Zwerchfell und Beckenboden spüren); sich dann auf den Knien aufrichten und
sich auf das Sitzkissen fallen lassen mit „hopp!" beim Auftreffen.

Eisenbahn fahren (Dampflok werden, lockere Fäuste am Unterbauch) mit
mehrmaligem kurzen SCH und danach zweimal Dampf ablassen (mit langem SCH): Vorwärts, rückwärts und vorwärts (mit Waggons am Kreuzbein angekoppelt); jeweilige Wirkung spüren.

Hände seitlich unters Becken legen (mit Handteller nach oben) und sich
darauf niederlassen (von den Schultern loslassen, sich im Beckenboden
niederlassen). Sich auf den Sitzbeinen aufrichten, sodass Zwerchfell (lat.
„diaphragma") und Beckenboden (lat. „diaphragma pelvis" = Becken-
Zwerchfell) übereinander sind.
   Dabei kurzes und langes SCH spüren, kurzes FT und langes FFF,
sowie kurzes „Hopp!", „ÔHÔ!" und langes Ausstöhnen nach unten in den
Beckenboden.
   Nachwirkung und den Kontakt zur Sitzunterlage spüren, nachdem wir
die Hände wieder heraus gelöst haben.

Kiefergelenke behandeln und Öffnung ins offene Ô spüren und sprechen.

Dann mehrmals tönen des offenen Ô (mit weiten, offenen Kiefergelenken und weiter Mundhöhle sowie guter Lippenfassung); das Ô spricht

die archaische, vorpersönliche Ebene an und verbindet uns mit der vitalen Ursprungskraft des ersten Energiezentrums (Wurzel-Chakra); wir finden es bei den mongolischen Reitern und bei den tibetischen Mönchen. Um noch mehr an den Tonus und die Kraft des Ô heran zu kommen nehmen wir das Ô-Tönen noch zusammen mit einer Gebärde, so als würden wir einen Stier bei den Hörnern packen.

Weitere Möglichkeit: Partnerübung gegenübersitzend mit Widerstand der Handteller auf Herzhöhe und gemeinsames Tönen des Ô (der Widerstand führt uns an den Tonus und die Kraft und es entsteht ein gemeinsamer Klangraum).

Ô-Worte und -Satz sprechen: „Wonne, Tonne" „Welche Wonne, solche Tonne."

Zum Abschluss nochmals Ô tönen und Veränderung spüren.

Übung 4: Stimme Ô und U

Vorbereitung: Selber Füße einzeln behandeln und dabei über das Streichen das Spürbewusstsein in die Füße locken. Den Beckenraum über die Fußreflexzonen ansprechen, indem wir die Fersen von allen Seiten behandeln; dann ruhen wir mit abgewinkelter Hand an der jeweiligen Ferse und spüren uns ein. Unterschiede und Nachwirkung spüren.

Wiederholung vom letzten Mal (Stimme Ô) und Weiterführung: In der Vierbeiner-Haltung: Dehnen, knurren, bellen, Sitz (Wirkung spüren).

Reiten auf dem Sitzkissen mit „hopp!" (zusammenschwingen von Zwerchfell und Beckenboden spüren); sich dann auf den Knien aufrichten und sich auf das Sitzkissen fallen lassen mit „hopp!" beim Auftreffen.

Eisenbahn fahren mit kurzem SCH und zweimal Dampf ablassen (mit langem SCH): Vorwärts, rückwärts und vorwärts (mit Waggons am Kreuzbein angekoppelt); jeweilige Wirkung spüren.

Hände seitlich unters Becken legen und sich darauf niederlassen. Sich auf den Sitzbeinen aufrichten und kurzes SCH bis in den Beckenboden spüren; dabei SCH-Artikulation mit einer, wie zu einer Düse längsgeformten Zunge, die den Ausatem an die SCH-Schleuse der Zähne gebündelt heranführt, sodass der Ausatem zurückflutet und über das Zwerchfell einen Impuls bis in den Beckenboden nach unten gibt. Weitere Übung: Langes SCH spüren, kurzes FT und langes FFF, sowie kurzes „Hopp!", „ÔHÔ!" und langes, tiefes Ausstöhnen (dabei Einatem bis ins Becken kommen lassen und im Ausatem tief durchreinigen ohne einzusinken).

Drei-Satz-Übung in der Kolbenbewegung (ausführliche Beschreibung im 4. Kapitel: „Der Weg der Gegensatzvereinigung", S. 58-61): Wir beginnen mit mehrmaligem kurzen SCH und spüren dabei das Zusammenschwingen von Zwerchfell und Beckenboden; dann gehen wir weiter mit dreimal langem SCH, zweimal ausstöhnen und einmal „puh-puh-puh…"; danach spüren wir die Nachwirkung und den Kontakt zur Sitzunterlage, nachdem wir die Hände wieder heraus gelöst haben.

Dann mehrmaliges Tönen des offenen Ô über drei Schritte: Gute Artikulationsform (weite, offene Kiefergelenke und Mundhöhle, gute Lippenfassung), Anschluss an die Spannkraft (= Tonus) im Beckenboden und vom Tonus ins Tönen des offenen Ô kommen (Form – Kraft – Ton); Nachwirkung spüren.

Hände nochmals seitlich unters Becken legen und Wiegebewegung des Beckens zwischen Steißbein und Schambein auf den Händen spüren (Sitzbeine bewegen sich dabei in der Gegenrichtung); Wiegebewegung mit der Atembewegung verbinden (im Einatem nach hinten und im Ausatem nach vorne) und jeweils von hinten nach vorne dreimal ein langes SCH, zweimal ausstöhnen und dann mehrmaliges Tönen des offenen Ô = Drei-Satz-Übung in der Wiegebewegung; in der Mitte zur Ruhe kommen und Nachwirkung spüren.

Ô-Worte und -Satz sprechen: „Ort, dort, fort!" „Fort dort vom Ort!".

Vokal U: Sich im Becken rundherum streichen und sich darin annehmen: Im Unterbauch zwischen Nabel, Schambein und Leisten (sich im Unterbauch loslassen statt ihn einzuziehen), an den Hüften weiter streichen (auch Breite des Beckenraumes spüren) sowie die Rückseite bis zum Kreuzbein streichen. Dann Hände an Unterbauch und Kreuzbein anlegen. Das Becken in eine Kreisbewegung führen (in beiden Richtungen), dann innerlich herunter spüren bis in die Beckenhöhle (Raum des Urvertrauens, der Schwangerschaft und Geburt, der Urbilder, des kollektiven Unbewussten).

Mit dem Bild vom Märchenwald, durch den wir wandern, sprechen wir mehrmals „Uhu" und lassen uns auf diese Stimmung ein. Wir kommen in unserer Imagination auf eine Waldlichtung, wo eine Kuh mit Ihrem Kalb weidet und nehmen wie die Kuh zum Kalb mehrmals ein „Muh". Mit der U-Formung der Lippen und der Mundhöhle (die der Beckenhöhle entspricht) wie beim „Uhu" und Muh" lassen wir uns mehrmals auf das U-Tönen ein und füllen damit die ganze Beckenschale innerlich aus. Den Klang und die Wirkung gut nachspüren.

Das U spricht das Positiv-Mütterliche an (= positiver Elementarcharakter des Archetyps der Großen Mutter – Neumann, 1956 und 1987) wie bergen, schützen, nähren und kann auf die frühkindliche, vorverbale Phase heilsam einwirken.

Den Vokalwechsel vom U (Yin-Vokal) ins offene Ô (Yang-Vokal) tönen mit dem Bild vom Heraustreten aus der (Becken-)Höhle und dem Verteidigen der Höhle (Stier bei den Hörnern packen), dann umgekehrt (Ô - U).

Die Qualitäten und Wirkungen von Ô und U im Sprechen der Worte „Wut", „Zorn" und „Mut" spüren: Die „Wut" kommt, nachdem das W die Energie zurückstaut, aus dem Unterbauch wie eine Welle, die uns auch überschwemmen kann. Der „Zorn" geht zuerst nach unten bis in den Beckenboden im Ô und kommt dann bereinigt nach oben. Der „Mut" ist eine Herzensqualität, die eine bewusste Entscheidung voraussetzt.

Ô und U in der Gruppe zusammen tönen und gemeinsame Klangerfahrung erleben.

Ô und U bilden zusammen den HARA-Klangraum (der ersten beiden Energiezentren).

Übung 5: Rücken-Liege-Übung

Im Liegen den Kontakt von Hinterkopf, Schultern, Arme, Rücken, Wirbelsäule, Becken, Oberschenkeln, Waden und Fersen mit der Unterlage spüren.

Hände mit verschränkten Fingern unter den Hinterkopf legen und Kopf anheben. Dann Kopf mit gedehntem Nacken wieder auf die Unterlage ablegen und Arme wieder seitlich neben dem Rumpf ablegen. Sich im ganzen Gesicht, insbesondere in der Stirn, in den Augen und in den Kiefergelenken loslassen.

Ein Bein nach dem anderen ans Becken heranziehen (Fußsohlen aufstellen) und Wirbelsäule von unten nach oben Wirbel für Wirbel vom Boden lösen (bis Schultern) und wieder Wirbel für Wirbel ablegen. Beim zweiten Mal mit Federungs- oder Auf-Ab-Bewegung unbewegliche Stellen lockern.

Dann Beine nacheinander in die Länge rutschen lassen und nachspüren.

Beine nacheinander heranziehen, Fußsohlen vom Boden lösen (Oberschenkel sind senkrecht, Unterschenkel hängen locker), Arme im rechten Winkel seitlich:

a) Kopf und Knie nach rechts wenden, verweilen und mit Ausatem nachgeben, dann nach links ebenso. Schulterblätter bleiben dabei in Bodenkontakt.

b) Kopf bleibt in der Mitte und Knie gehen nach rechts und links mit verweilen.

c) Kopf und Knie bewegen sich in entgegengesetzter Richtung mit verweilen,

d) dann fließend in Verbindung mit der Atembewegung ohne zu verweilen.

Zum Abschluss Beine in der Mitte abstellen und nacheinander in die Länge rutschen lassen, Arme herannehmen und nachspüren.

Beine nacheinander heranziehen, Fußsohlen vom Boden lösen (Oberschenkel sind senkrecht, Unterschenkel hängen locker): In der Verlängerung der Oberschenkel sich Pinsel vorstellen und mit ihm Kreis an die Decke malen; kleinen Kreis ums Kreuzbein herum spüren; in beide Richtungen kreisen.

Zum Abschluss Beine in der Mitte abstellen, nacheinander in die Länge rutschen lassen und nachspüren.

Rechtes Bein heranziehen, Fußsohle bis auf Ferse vom Boden lösen und mit SCH das Bein mit Fersenkontakt (am Boden entlang) in die Länge schieben (wie Widerstand wegschieben); ein zweites Mal; dann mit linkem Bein zweimal.

Dann mit beiden Beinen gleichzeitig zweimal mit ausstöhnen, statt SCH.

Dann alle sechs Bewegungen zusammen: Dabei Beine jeweils mit dem Einatem heranziehen und mit dem Ausatem wegschieben; abschließender Ausatem mit „puh-puh-puh…" (= Drei-Satz-Übung im Liegen). Gut nachspüren.

In den Rücken dreimal ein „Ü" hinein tönen, dann dreimal hinein summen („mmm").

Wie am Anfang nochmals den Kontakt von Hinterkopf, Schultern, Arme, Rücken, Wirbelsäule, Becken, Oberschenkeln, Waden und Fersen mit der Unterlage spüren und Unterschiede zum Anfang im Kontakt zur Unterlage wahrnehmen.

Sich zur Seite drehen und mit Hilfe der Hände aufrichten und nachspüren.

Übung 6: Stimme O

Von Grund auf ansetzen mit der Vorbereitung auf das offene Ô:

Auf dem Sitzkissen: Hände unters Becken legen, sich niederlassen und sich auf Wiegebewegungen einlassen: Zuerst mehrmals hin und her von einem Sitzbein auf das andere, dann mehrmals vor und zurück zwischen Schambein und Steißbein; in der Mitte zur Ruhe kommen und Hände herauslösen.

Wurzelquadrat spüren (= rechtes und linkes Sitzbein sowie Schambein und Steißbein) und von der Mitte aus in eine formende Kreisbewegung im Beckenboden kommen: Zuerst innerhalb des Wurzelquadrats, dann auf dem Wurzelquadrat, dann um das Wurzelquadrat herum. Die Aufmerksamkeit bleibt im Beckenboden, so als würden wir einen ZEN-Kreis auf unser Sitzkissen malen. Dann in der Gegenrichtung spiralförmig zurück, bis wir in der Mitte wieder zur Ruhe kommen. Danach den Kontakt zur Sitzunterlage spüren.

Drei-Satz-Übung in der Kolbenbewegung: Mehrmaliges kurzes SCH, dreimal langes SCH, zweimal ausstöhnen, einmal „puh-puh-puh...". Dabei das Zusammenschwingen von Zwerchfell und Beckenboden spüren sowie die Nachwirkung.

Den Einatem ins Becken kommen lassen und den Ausatem nach unten in den Beckenboden lenken. Damit mehrmals das offene Ô tonen (weite, offene Kiefergelenke und Mundhöhle, gute Lippenfassung).

U vorbereiten: Becken rundherum streichen, dann Hände an Unterbauch und Kreuzbein anlegen und den Beckenraum zwischen den Händen spüren. Die Beckenschale innerlich mit mehrmaligem U-Tönen ausfüllen.

U sprechen: „Der Uhu ruft. Die Turmuhr schlug. Suchst du die Unke im dunklen Sumpf?" In der Gruppe kann eine Hälfte dazu ein U tönen, dann jeweils im Wechsel sprechen und tönen. Wirkung spüren sowie U-Qualitäten und -Stimmungen.

O vorbereiten: Mittlerer Raum zwischen Nabel und Brustbein rundherum von der Magengrube bis zur Lendenwirbelsäule streichen. Hände in die Flanken legen und herauswerfen mit ÔHÔ! JÔT! und JETZT!

Mit den Händen im mittleren Raum rundherum die Haut mit dem Gewebe fassen und herausdehnen. Dann nochmals ausgleichend streichen.

Die Hände auf die Magengrube legen und O-Emotionen sprechen: Ein staunendes und ein mitleidvolles O. Wirkungen spüren: Das Staunen richtet uns auf, das Mitleid zieht uns eher nach unten. Wir können auch versuchen, ein O des Mitgefühls zu sprechen, bei dem wir bei uns bleiben, ohne uns nach oben oder unten zu verlieren. Erst dadurch können wir angemessen und heilsam für ein Du offen sein („liebe deinen Nächsten wie dich selbst").

Dieser „Raum der persönlichen Mitte", wie wir ihn auch nennen, öffnet sich vom Ich zum Du und umfasst mit dem O menschlich-persönliche Ausdrucksformen (wie staunen oder mitfühlen) im Unterschied zum U (mit seinen u.a. vorpersönlichen Tierlauten wie „Uhu" oder „Muh") oder zum Ô (mit seinem ursprünglich-archaischen Klang).

Im mittleren Raum kreisen und aus der Kreisbewegung hervor mehrmals das O ertönen lassen (in beide Richtungen). Klang und Wirkung gut nachspüren.

O-Intervalle tönen in der Horizontalen in den „Organring" vom Magen über Milz/Leber über Flanken bis zu den Nieren und wieder zurück und mit Begleitung der Hände:

Zuerst sind beide Hände auf der Magengrube. Während die rechte Hand vom Magen zur Leber und wieder zurück zum Magen streicht, tönen wir eine Intervallfolge von einem mittleren O (Magen) über ein O mit einem Tonschritt nach oben (Leber) wieder zurück zum mittleren O (Magen). Die gleiche Intervallfolge tönen wir links herum vom Magen über die Milz zum Magen (O-O-O).

Dann gehen wir mit Begleitung der Hände nach rechts weiter und tönen weitere O-Intervalle vom Magen über die Leber und einem weiteren

O-Tonschritt nach oben bis zur rechten Flanke und wieder zurück über die Leber bis zum Magen. Die gleiche O-Intervallfolge tönen wir links herum vom Magen über die Milz bis zur linken Flanke und wieder zurück über die Milz bis zum Magen (O-O-O-O-O).

Dann gehen wir mit Begleitung der Hände noch weiter rechts herum und tönen weitere O-Intervalle (mit Tonschritten nach oben) vom Magen über die Leber, über die rechte Flanke bis zur rechten Niere und wieder zurück über die rechte Flanke und die Leber bis zum Magen. Die gleiche O-Intervallfolge tönen wir links herum vom Magen über die Milz, über die linke Flanke bis zur linken Niere und wieder zurück über die linke Flanke und die Milz bis zum Magen (O-O-O-O-O-O-O).

Im Nachspüren erleben wir die Wirkung auf den „Organring" und den kompletten mittleren Raum.

Nun verbinden wir die unteren drei Vokalräume in der Vertikalen mit jeweils einem Tonschritt nach unten und wieder zurück: Vom O des Mittenraums über das U des Beckenraums bis zum Ô im Beckenboden und wieder zurück.

Zum Abschluss gehen wir noch ins O-Sprechen mit: „Der Mond kommt schon hervor. Hole die Rosen vom moosigen Tor". In der Gruppe kann eine Hälfte dazu ein O tönen, dann jeweils im Wechsel sprechen und tönen.

Die Wirkung gut nachspüren sowie O-Qualitäten und -Stimmungen.

Übung 7: Stimme E

Vorbereitung im Stehen:

Fuß auf Zehenballen stellen und Zehen nach vorne rollen und sich dabei nach vorne beugen (Arme locker hängen lassen); dann sich wieder aufrichten (Schulterblätter zurück) und dabei Fuß zurück auf Zehenballen stellen. Mehrmals wiederholen, zuerst rechts, dann links; jeweils veränderten Bodenkontakt und Veränderung in den Beinen spüren.

Schulterbehandlung mit Übungspartner:

Schulter-Nacken-Muskulatur lockernd-belebend behandeln mit Einsatz der Daumen, dann Hände ineinander legen und mit Handrücken Schulterpartien abklopfen. Danach von den Schultern bis zu den Fersen abstreichen und an den Fersen ruhen (Erdung spüren); beim zweiten Mal das Abstreichen mit dem Ausatem beginnen und über die Fußrücken und Zehen hinaus streichen.

Im Stimmsitz (Sattelsitz) auf Sitzkissen:

Hände seitlich unters Becken legen und sich darauf niederlassen (von den Schultern loslassen sich im Beckenboden niederlassen). Wiegebewegung zwischen Steißbein hinten und Schambein vorne spüren, mit der Atembewegung verbinden (Einatem nach hinten und Ausatem nach vorne) und sich auf die Drei-Satz-Übung in der Wiegebewegung einlassen: Jeweils von hinten nach vorne dreimal langes SCH, zweimal ausstöhnen, dann dreimal das offene Ô tönen. In der Mitte zur Ruhe kommen. Nachwirkung und den Kontakt zur Sitzunterlage spüren, nachdem wir die Hände wieder gelöst haben.

Becken rundherum streichen, Hände an Unterbauch und Kreuzbein anlegen und im Becken kreisen, dann innerlich herunter spüren bis in die Beckenhöhle und mehrmals tönen des U.

Mittleren Raum zwischen Nabel und Brustbein rundherum streichen, Hände an Magengrube und Lendenwirbelsäule anlegen und sich auf Pendelbewegung mit Einatem in den Hintergrund, mit Ausatem in den Vordergrund einlassen. Damit auf dieser Übergangsebene mit der Drei-Satz-Übung beginnen: Jeweils von hinten nach vorne dreimal langes SCH, zweimal ausstöhnen, dann dreimal das O tönen.

Selbstbehandlung von Brustbein (von Schwertfortsatz unten bis zum Handgriff oben die Haut verschieben und die Ansätze der Rippen spüren) und des ganzen Schulterraumes (Schlüsselbeingruben unterhalb der Schlüsselbeine, Schulterkugeln, Achselhöhlen sowie Rückseiten der Schultern bis zum Prominens = 7. Halswirbel). Brustbein und Schultern abklopfen und streichen. Hände an Kreuzbein und Brustbein legen und Leibdiagonale spüren (Bewegung von hinten unten nach vorne oben spüren). Beide Hände auf die obere Hälfte des Brustbeins legen, Kraft hinein geben und mehrmals hineinsprechen: E, WEH (im W sammeln), „dehnen", „sehnen", „weg!" (dabei Hände lösen). Hände in die Leisten legen und keck locken mit: HE-HE!

Hände an die obere Hälfte des Brustbeins legen und E sprechen; dabei Artikulation spüren: Dehnung in der Oberlippe wie lächeln. Vom Brustbein bis zu den Schulterkugeln streichen. Mehrmals E tönen von der oberen Hälfte des Brustbeins aus in die Weite und Breite der oberen Horizontalen des Schulterraumes. Klang und Wirkung gut nachspüren.

Während das O noch vom Raum der persönlichen Mitte (vom Ich zum Du) ausgeht öffnet uns das E in den ersten überpersönlichen Raum über die Schultern und Arme in die mitmenschlichen Räume zu den Menschen an meinen Seiten (zum Wir).

E sprechen: „Wege gehen. Leben sehen. Schnee wehen. Der Weg ist verweht. Ich gehe trotzdem." In der Gruppe kann eine Hälfte dazu ein E tönen, dann jeweils im Wechsel sprechen und tönen. Nachwirkung sowie E-Qualitäten und -Stimmungen spüren.

Zum Abschluss dreimal Vokalwechsel vom E zum U tönen (auch mit Intervall) und damit oberes und unteres Kreuz (Prominens und Kreuzbein) verbinden.

Übung 8: Große Atemübung

Vorbereitung:

Im Sitzen: Selber Füße einzeln behandeln, insbesondere Fußgewölbe, Zehenballen, Zehen (einzeln kreisen), Schwimmhäutchen zwischen den Zehen fassen und dehnen.

Mitte des Fußgewölbes mit Daumen sternförmig öffnend streichen, dann mit dem Handteller im Fußgewölbe ruhen, andere Hand auf Fußrücken; Energiefluss zwischen Handteller- und Fußgewölbe-Zentrum spüren. Dann anderen Fuß. Nachwirkung auch im Stehen spüren.

Im Stehen: Sich mit Daumen von der Mitte des Handtellers aus jeden Finger einzeln bis in die Fingerkuppe behandeln (vom kleinen Finger bis zum Daumen). Schwimmhäutchen zwischen den Fingern fassen und dehnen. Dann andere Hand. Nachwirkung spüren.

Dehnungen (aus dem AIKIDO):

Hände mit verschränkten Fingern nach vorne und oben dehnen und lösen.

Rechte Hand zeigt nach oben, linke Hand mit Daumen von unten an Handrücken, Finger quer über andere Finger und rechte Hand nach vorne dehnen bis Hand und Unterarm im rechten Winkel und Ellenbeuge gedehnt ist. Dann linke Hand.

Rechte Hand zeigt nach vorne (mit Daumen nach unten), linke Hand mit Daumen an Handrücken, Finger quer über andere Finger und rechte Hand nach vorne dehnen bis Hand und Unterarm im rechten Winkel und Ellenbogen gedehnt. Dann linke Hand.

Rechten Handteller anschauen, Daumen der linken Hand an Handrücken unterhalb von kleinem und Ringfinger, restliche Finger der linken Hand umfassen die Handwurzel unterhalb vom rechten Daumenballen. Damit Handteller der rechten Hand nach unten und gleichzeitig nach vorne drehen (Dehnung in der Handwurzel). Dann linke Hand.

Handteller im rechten Winkel ineinander legen und schütteln aus den Handgelenken (Schultern locker). Dabei die Energie in den Handtellern spüren, die auch weiter fließt, wenn die Schüttelbewegung abrupt innegehalten wird.

Partner-Behandlung im Stehen hintereinander:
Hände von hinten unter die Achselhöhlen der Vorderen und über Leibaußenseiten (Flanken, Becken- und Beinaußenseiten) bis Außenknöchel abstreichen. Fersen von hinten umfassen und (erdende) Wirkung spüren.

Hände ein zweites Mal von hinten unter die Achselhöhlen der Vorderen und zwischen Fingerbeeren und Daumenballen Gewebe in den Flanken fassen, in der Fassung bleiben und Dehnung durch zwei Einatmungsbewegungen spüren. Während Ausatem jeweils eine Handbreite tiefer fassen, Dehnung (wie oben) spüren und so Schritt für Schritt bis zum Beckenkamm.

Hände ein drittes Mal von hinten unter Achselhöhlen der Vorderen und Atembewegung spüren. Mit beginnender Ausatembewegung nochmals über Leibaußenseiten (Flanken, Becken- und Beinaußenseiten) bis Außenknöchel abstreichen und über Fußrücken und Zehen nach vorne ausstreichen.

Einzeln stehend:
Sich selber im Stehen Leibseiten streichen und jeweils über den Gelenken kreisen: Vom Außenknöchel über Knieaußenseite, Hüfte, Flanke, Achselhöhle und Arminnenseite über Ellenbeuge und Handwurzel bis über die Hand hinaus. Beim zweiten Mal in einer Streichung (ohne zu kreisen). Zuerst rechts, dann links. Jeweils Wirkung spüren.

Große Atemübung:
Im Stehen Handteller nach außen wenden und Arme seitlich in weitem Bogen nach oben führen. Dabei den Einatem wie über die Handteller und Fußgewölbe (YIN-Bereiche) aufnehmen. Über dem Scheitel die Handteller wieder umwenden und Arme seitlich in weitem Bogen wieder nach unten führen. Dabei den Ausatem mit tiefem Ausstöhnen wie über unsere Finger- und Zehenspitzen (YANG-Bereiche) abgeben. Dabei

werden die Lungenflügel tief durchgereinigt. Wirkung auf Innen- und Umraum, Atem- und Energiebewegung gut nachspüren.

Als ausgleichende Bewegung zum Abschluss Wirbelsäule Wirbel für Wirbel (wie eine Kette über ein Zahnrad gleitet) abrollen bis an die Grenze der Beweglichkeit. Mit abgerollter Wirbelsäule mit Hilfe jeder Ausatembewegung Spannungen abgeben und noch weiter loslassen. Knie sind gerade, weder angewinkelt, noch durchgedrückt. Sich dann wieder Wirbel für Wirbel aufrichten und gut nachspüren.

Übung 9: Stimme I (sowie M und N)

Vorbereitung:

Stampfen auf Zehenballen und gleichzeitig kraftvolle Gebärde der Hände von unten nach oben (wie Kraft schöpfen) und ein klares „Ja!" zu sich selber sagen. Mehrmals wiederholen, zuerst rechts, dann links; jeweils veränderten Bodenkontakt und Veränderung in den Beinen spüren.

Wirbelsäule Wirbel für Wirbel abrollen, sich im Ausatem weiter loslassen und sich wieder aufrichten.

Partner-Behandlung im Stehen seitlich nebeneinander:

Nochmals Wirbelsäule abrollen und Partner/in seitlich stehend legt die Hände auf das Kreuzbein und beginnt nach einem Einspüren die Wirbelsäule zu „heizen" mit kurzem, schnellem Gegenstreichen der Handwurzeln direkt auf der Wirbelsäule und kommt damit langsam bis zum Nacken und wieder zurück bis zum Kreuzbein. Mit Gegenhalt am Kreuzbein beim Aufrichten unterstützen und Veränderung spüren; Wechsel.

Weitere Übung auf dem Sitzkissen:

Hände seitlich unters Becken legen und sich auf den Sitzbeinhöckern aufrichten. Dabei Aufrichtung vom Steißbein bis zum Scheitel über die Wirbelsäule spüren. Dann mit kurzem SCH und Drei-Satz-Übung in der Kolbenbewegung (dreimal langes SCH, zweimal ausstöhnen, einmal puh-puh-puh) das Zusammenschwingen von Zwerchfell und Beckenboden spüren sowie die Nachwirkung und den Kontakt zur Sitzunterlage, nachdem wir die Hände wieder gelöst haben.

Einatem ins Becken kommen lassen und Ausatem nach unten in den Beckenboden, dann mehrmals tönen des offenen Ô (weite, offene Kiefergelenke und Mundhöhle, gute Lippenfassung).

Becken streichen, Hände an Unterbauch und Kreuzbein anlegen, innerlich herunter spüren bis in die Beckenhöhle, dann mehrmals tönen des U (gute Lippenformung).

Selber Kopf mit Fingerkuppen vital behandeln mit Bewegung der Kopfhaut auf dem Schädelknochen: Zuerst Gesicht von Stirnmitte über Schläfen, Kiefergelenke bis Kinn sowie Nase von Nasenwurzel bis Nasenflügel (von außen mit Zeigefingern, von innen mit Daumen behandeln und weiten); dann Schädeldach, Hinterkopfschale und Kopfseiten (Haut verschieben, nicht auf Haare rutschen); dann Ohrmuscheln zwischen Daumen und Zeigefinger behandeln; Nachwirkung spüren.

Mögliche Weiterführung in die Konsonanten N und M:

Hände im Abstand von ca. 5 cm vor die Gesichtsschale legen und ein N hineintönen (bis in die Stirn-, Nasenneben- und Kieferhöhlen) mit Dehnung in der Oberlippe und kräftigem Anlegen der Zunge am Übergang Zähne-Gaumen (starker Tonus – feiner Ton). Dann Hände im Abstand von ca. 5 cm hinter die Hinterkopf-Schale legen und ein feines M hineintönen (Lippen sanft, ohne Druck aufeinander; als wäre Mund am Hinterkopf). Dann mehrmals zwischen Gesichts- und Hinterkopf-Schale hin und her gehen mit M-N-M-N-...-Tönen und spüren der Übergänge der Artikulationsform (von Lippen, Zähnen, Zunge und Mundhöhle). Sprechen: „Sonne und Mond" mit Spüren in die Gesichtsschale mit offenen Augen bei „Sonne", in die Mitte der Kopfhöhle bei „und" sowie in die Hinterkopf-Schale mit geschlossenen Augen bei „Mond"; mehrmals hin und her gehen mit „und" dazwischen sowie im „und" enden und gut nachspüren (in beide Schalen).

Übungen zum Vokal I:

Tonus für I aufbauen mit Fauchen (wie Wildkatzen) und Tonus spüren vom Lippenbändchen über Gaumen und Scheitel bis zur Dehnung im Nacken; damit I antupfen.

I-Ausdruckswerte:

Im Vorarlberger Dialekt: I (für ich), „I bin I", „I für mi", „I tritt i für mi".

„Ih!" (Ekel) im Unterschied zu „wäh!" („ih!" zieht mich noch an, „wäh!" stößt mich ab).

Hexenlachen: „Hihihihi ..." (Wirkung und Kraft spüren).

Hahnkrähen: „kikeriki!" (Hahnenkamm spüren, Dehnung in der Wirbelsäule).

Mit „kikeriki!" hohes I-Tönen ansetzen und über mehrere I-Intervalle in einem Ausatem entlang der Wirbelsäule nach unten bis zum tiefen I im Steißbein gehen.

I auf mittlerer Tonhöhe tönen und gleichzeitig die Gebärde des Bogenspannens nehmen (Spannungsbogen vom Scheitel bis zum Steißbein spüren).

I tönen in Verbindung mit einem Kreisen der Unterarme um einander (Bezug zum Blutkreislauf, Schwingung, Tonuserhöhung und Ausatemverlängerung spüren).

I sprechen mit: „Hieb und Stich", auch mit Schwert- und Stichgebärde (Wirkung zu mehr Entschiedenheit und Klarheit spüren sowie auf den Punkt kommen).

Nochmals I tönen, eventuell mit vertikaler Gebärde (Schwerthände nach oben und unten dehnen).

Zum Abschluss Vokalwechsel vom I zum U tönen: Die nach außen gerichtete Yang-Qualität des I wird eingebunden in die nach innen gerichtete Yin-Qualität des U.

Übung 10: O – E – OM

Schulterbehandlung mit Übungspartner im Stehen:

Die Hände von hinten auf die Schultern legen und Raum, Energie (Wärme) und Atem spüren. Mit beginnender Ausatembewegung die ganze Rückseite von den Schultern bis zu den Fersen und über die Fußrücken hinaus abstreichen (mit ruhen an den Fersen). Auf der rechten Seite stehend die Hände an das Schulterblatt und an die Schlüsselbeingrube anlegen und Atem-Energie-Raum der rechten Schulter spüren. Mit beginnender Ausatembewegung über den rechten Arm abstreichen bis über die Hand hinaus (mit Umwendung der behandelnden Hände in der Ellenbeuge). Dann die linke Seite.

Die Hände von hinten seitlich auf die Schulterkugeln legen und ganzen Zwischenraum (= ganze Schulterbreite) spüren. Während die Vorderen in die ganze Breite ihres Schulterraums hinein dreimal ein E tönen, gehen die Hinteren mit ihren behandelnden Händen langsam in den Abstand in der Waagrechten und locken damit die Atem-Energie-Schwingung des E-Tönens bis in den Umraum.

Auf der linken Seite stehend die linke Hand an den Handgriff des Brustbeins und die rechte Hand an den Prominens (Übergang HWS/BWS) anlegen und den Zwischenraum spüren, in den hinein die Behandelten dreimal ein E tönen. Dabei gehen die behandelnden Hände langsam in den Abstand nach vorne und hinten und locken die Atem-Energie-Schwingung des E-Tönens in diesen Umraum. Danach die Öffnung in der Gestalt eines liegenden Kreuzes nachspüren.

Im Stimmsitz (Sattelsitz) auf Sitzkissen:

Die Hände seitlich unters Becken legen und sich darauf niederlassen (von den Schultern loslassen sich im Beckenboden niederlassen). Sich zuerst auf eine Wiegebewegung auf den Sitzbeinen nach links und rechts einlassen und sich im Beckenboden ausbreiten. Dann Wiegebewegung zwischen Steißbein hinten und Schambein vorne spüren, diese mit der Atembewegung verbinden (Einatem nach hinten und Ausatem nach vorne) und sich auf die Drei-Satz-Übung in der Wiegebewegung einlassen: Jeweils von hinten nach vorne dreimal langes SCH, zweimal ausstöhnen, dann dreimal das offene Ô tönen. In der Mitte zur Ruhe kommen.

Nachwirkung und den Kontakt zur Sitzunterlage spüren, nachdem wir die Hände wieder gelöst haben.

Beckenwandungen bis zum mittleren Raum rundherum herauf streichen, dann mittleren Raum zwischen Nabel und Brustbein rundherum von der Magengrube bis zur Lendenwirbelsäule streichen. Unterste Rippenränder fassen und kräftig bis zu den Flanken streichen, dann Hände in die Flanken legen und mit ÔHÔ herauswerfen. Hände auf die Oberschenkel, im mittleren Raum kreisen und aus der Kreisbewegung hervor mehrmals das O ertönen lassen (in beide Richtungen).

Feines Kopföffnen mit Fingerkuppen-Sonnenstrahlen in feinem Kontakt von der Stirn, über die Schläfen, die Kiefergelenke, den Unterkiefer bis zum Kinn, um den Mund herum, über die Wangen und die geschlossenen Augenlider (die Poren der Haut öffnen sich dabei wie kleine Blütenkelche zu den Sonnenstrahlen der Fingerkuppen hin); dann mit den Handtellersonnen im Abstand der Hände über das Schädeldach, die Hinterkopfschale und die Kopfseiten gehen. Dann die Ohrmuscheln zwischen Daumen und Zeigefinger behandeln sowie die Nase: Mit Zeigefinger wie „Lichtband" von der Nasenwurzel bis zur Nasenspitze ziehen (zur energetischen Öffnung des obersten der drei Nasengänge, der den Atem direkt am Geruchsinn in der Nasenwurzel vorbei führt), Nasenflügel mit Daumen weiten, dann im Handteller die Blüte der Lieblingsblume vorstellen und deren Duft aufnehmen im „Duftatem" (energetische Öffnung bis in die Stirn und Aufnahme der feinstofflichen Atemenergie = „Prana").

Den Mittenstrang und die Seitenstränge der Nackenmuskulatur von oben nach unten behandeln, dann die Schulterrückseiten, Schulterkugeln und die Achselhöhlen sowie die Schlüsselbeingruben, auf denen wir mit den Handtellersonnen ruhen und uns einspüren. Brustbein behandeln und Leib-Diagonale zwischen Brustbein und Kreuzbein spüren, auf die wir die Hände legen und mehrmals auf und ab gehen.

Vom Brustbein bis zu den Schulterkugeln streichen, dann ganzen Schulterraum mit dem E-Tönen ausfüllen. Dann über einzelne Intervallschritte mit dem E-Tönen den E-Raum bis in den Umraum öffnen: Zuerst vom Handgriff des Brustbeins bis zu den Schlüsselbeingruben und zurück, dann über zwei Intervalle bis zu den Schulterkugeln und wieder zurück und zuletzt über drei Intervalle bis in den Umraum und wieder zurück.

Fünf Vokalwechsel mit E und O tönen mit dem Bild des E als Meereshorizont und des O als aufsteigende Sonne vom Horizont bis in den Zenit: E-O, O-E, E-O, O-E, E-O. Sonne von oben durch den Scheitel durch den ganzen Leib bis in den Beckenboden scheinen lassen und vom mittleren Raum aus mehrmals ein OM tönen. Wirkung gut nachspüren.

Übung 11: Stimme A

Partnerbehandlung im Stehen:

Flanken von Achselhöhlen bis Außenknöchel abstreichen und über Fußrücken hinaus. Partner in vorgebeugter Haltung (Rücken waagrecht) die Hände ans Kreuzbein legen und von dort aus im Gegenstreichen der Hände bis in die Flanken den Rücken „heizen" bis zum Schulterraum und zurück. Sich aufrichten und nachspüren. Sich mit Partner Rücken an Rücken stellen und mehrmals in den Kontakt hinein summen. Dann weiter summen und in den Abstand gehen. Umraum im Hintergrund spüren.

Auf dem Sitzkissen:

Hände unters Becken und sich hin und her sowie vor und zurück wiegen. Dabei Leibinnenwandungen spüren. Beckenboden kreisen und Bewegung der Sitzbeinhöcker spüren.

Drei-Satz-Übung in der Kolbenbewegung:

Mehrmaliges kurzes SCH, dreimal langes SCH, zweimal ausstöhnen, einmal puh-puh-puh. Dabei das Zusammenschwingen von Zwerchfell und Beckenboden spüren sowie die Nachwirkung und den Kontakt zur Sitzunterlage, nachdem wir die Hände wieder gelöst haben.

Den Einatem ins Becken kommen lassen und den Ausatem nach unten in den Beckenboden lenken. Damit mehrmals das offene Ô tönen (weite, offene Kiefergelenke und Mundhöhle, gute Lippenfassung).

Feines, energetisches Kopföffnen mit Handtellersonnen im Abstand der Hände zu allen Seiten in den Umraum. Energetisches behandeln der Nase: Mit Zeigefinger wie „Lichtband" von der Nasenwurzel bis zur Nasenspitze ziehen, Nasenflügel mit Daumen weiten, dann im Handteller die Blüte der Lieblingsblume vorstellen und deren Duft aufnehmen im „Duftatem".

Mittlerer Raum von Magengrube bis Lendenwirbelsäule streichen und Drei-Satz-Übung im Mittenraum mit „Duftatem" von hinten nach vorne mit dreimal langem SCH, zweimal ausstöhnen und dreimal O tönen.

Vokalwechsel zwischen Mittenraum und Beckenboden mit O – Ô, Ô – O, O – Ô – O mit Intervall tönen.

Hände auf die Magengrube (Solarplexus) legen und von der Mitte aus in alle sechs Richtungen in einzelnen Schritten mit Gesten der Hände und mehrmaligem Sprechen der Richtungen sich leiblich und energetisch öffnen sowie immer wieder mit „und" in die Mitte zurückkehren: Zuerst „vorne – und – hinten – und …", dann „vorne – und – hinten – und – rechts – und – links – und …" und zuletzt „vorne – und – hinten – und – rechts – und – links – und – oben – und – unten – und …". Danach von der Mitte aus in alle Richtungen sowie Innen- und Umraum spüren.

Nach oben zum Scheitel hauchen und hohes A ca. 40 cm über dem Scheitel antupfen. Dem A eine Basis geben durch das Fassen unter die Rippenränder (Zwerchfellansatz).

Hände in die Flanken legen und ins Vokallachen gehen mit dreimal „HA-HE-HI-HO-HU!", dreimal „HA-HA-HE-HE-HI-HI-HO-HO-HU-HU!" sowie dreimal „HA-HA-HA-HE-HE-HE-HI-HI-HI-HO-HO-HO-HU-HU-HU!" zur Zwerchfell-Lockerung.

Über die Flanken in den Umraum hauchen und mehrmals das große A in den Umraum tönen von der Spitze über dem Scheitel bis zum Boden (Gestalt der Mandorla bzw. Aura).

Das A hat keinen festen Ort im Leib, weil es das zum Klingen bringt, was keinen bzw. jeden Ort hat. Es umfasst alle anderen Vokale, öffnet uns bis in die feinstoffliche Hülle und wohnt uns doch zutiefst inne im Herz-A:

Hände aufs Brustbein legen, hineinhauchen (aus dem Raum zwischen den Schulterblättern nach vorne) und mehrmals das Herz-A tönen. Gut nachspüren.

Übung 12: Zusammenfassung aller Vokalräume

Im Stimmsitz (Sattelsitz) auf Sitzkissen:

Hände seitlich unters Becken legen und sich darauf niederlassen (von den Schultern loslassen sich im Beckenboden niederlassen). Wiegebewegung zwischen Steißbein hinten und Schambein vorne spüren, mit der Atembewegung verbinden (Einatem nach hinten und Ausatem nach vorne) und sich auf die Drei-Satz-Übung in der Wiegebewegung einlassen: Jeweils von hinten nach vorne dreimal langes SCH, zweimal ausstöhnen, dann dreimal das offene Ô tönen. In der Mitte zur Ruhe kommen. Nachwirkung und den Kontakt zur Sitzunterlage spüren, nachdem wir die Hände wieder gelöst haben.

Becken rundherum streichen, Hände an Unterbauch und Kreuzbein anlegen, Becken kreisen, dann innerlich herunter spüren bis in die Beckenhöhle und mehrmals U tönen.

Mit den Händen im mittleren Raum (zwischen Nabel und Brustbein) rundherum streichen. Hände auf Magengrube und Lendenwirbelsäule legen und im mittleren Raum kreisen. Hände auf die Oberschenkel und aus der weiteren Kreisbewegung hervor mehrmals das O ertönen lassen (in beide Richtungen kreisend). Nachwirkung spüren.

Brustbein und Schultern (rundherum) behandeln (streichen) und abklopfen. Von Brustbein bis Schulterkugeln streichen. Mehrmals E tönen (mit Dehnung in der Oberlippe wie ein Lächeln) von oberer Hälfte des Brustbeins aus in die Weite und Breite der oberen Horizontalen des Schulterraumes. Gut nachspüren.

Feines Kopföffnen mit Fingerkuppen-Sonnenstrahlen und Handtellersonnen sowie Duftatem-Übung (wie in Übung 10).

Vertikale vom Scheitel über die Wirbelsäule nach unten bis zum Steißbein spüren (mit Finger an Scheitel und Steißbein). Verbindung als Lichtstab imaginieren und kreisen lassen (in beide Richtungen). In der Mitte zur Ruhe kommen und feines I (Lot-I) tönen.

Leibseiten streichen und jeweils über den Gelenken kreisen: Von der Hüfte über Flanke, Achselhöhle und Arminnenseite über Ellenbeuge und Handwurzel bis über die Hand hinaus (beim zweiten Mal in einer Streichung ohne zu kreisen). Zuerst rechts, dann links. Jeweils Wirkung spüren.

Große Atemübung mit Handteller nach außen wenden und Arme seitlich in weitem Bogen nach oben führen. Dabei den Einatem über die Handteller aufnehmen. Über dem Scheitel die Handteller wieder umwenden und Arme seitlich in weitem Bogen wieder nach unten führen. Dabei den Ausatem mit tiefem Ausstöhnen über die Fingerspitzen abgeben. Nach dreimaligem Ausstöhnen dreimal A tönen, dann dreimal I-A und zuletzt dreimal alle Vokale mit Intervallen von oben nach unten: I – A – E – O – U – Ô.

Wirkung auf Innen- und Umraum, Atem- und Energiebewegung gut nachspüren.

Literaturverzeichnis

Angelus Silesius (1979) Der cherubinische Wandersmann. Zürich: Diogenes (Tb 20644)

Berendt, Joachim-Ernst (1985) Nada Brahma – Die Welt ist Klang. Hamburg: Rowohlt (Tb 7949)

Dürckheim, Karlfried Graf (1973) Vom doppelten Ursprung des Menschen. Freiburg i.B.: Herder (Tb 480)

Dürckheim, Karlfried Graf (1975) HARA – Die Erdmitte des Menschen. Weilheim: O.W. Barth (7. Auflage)

Dürckheim, Karlfried Graf (1976) Meditieren wozu und wie – die Wende zum Initiatischen. Freiburg i.B.: Herder

Dürckheim, Karlfried Graf (1978) Erlebnis und Wandlung. Bern, München, Wien: Scherz

Dürckheim, Karlfried Graf (1981) Übung des Leibes auf dem inneren Weg. München: Martin Lurz (2. Auflage)

Dürckheim, Karlfried Graf (1986) Der Ruf nach dem Meister. Bern, München, Wien: Scherz

Fischer, Rudolf W. (1970) Der Atem in der Bewusstseinskrise des heutigen Menschen. In: Atemschulung als Element der Psychotherapie. Hrg. Lucy Heyer-Grote. Darmstadt

Glaser, Volkmar (1980) Eutonie – Lehrbuch der Psychotonik. Heidelberg: Haug (3. Auflage 1990)

Goethe, Johann Wolfgang von (1982) Gedenke zu leben. Freiburg i.B.: Herder (Tb 981)

Hesse, Hermann (1977) Die Gedichte. Berlin: suhrkamp tb 381

Laotse (1982) Tao-te-king – Das Buch vom Sinn und Leben. Köln: Eugen Diederichs

Middendorf, Ilse (1987) Der erfahrbare Atem – Eine Atemlehre. Paderborn: Jungfermann (4. Auflage)

Müller, Rüdiger (1981) Wandlung zur Ganzheit ¬ Die Initiatische Therapie nach Karlfried Graf Dürckheim und Maria Hippius. Freiburg i.B.: Herder Neumann, Erich (1949 und 2004) Ursprungsgeschichte des Bewusstseins. Zürich: Rascher und Düsseldorf: Patmos

Neumann, Erich (1956 und 1987) Die Große Mutter – Eine Phänomenologie der weiblichen Gestalten des Unbewussten. Zürich: Rhein und Olten: Walter

Neumann, Erich (1958/1959) Die Angst vor dem Weiblichen. In: Die Angst. Studien aus dem C.G. Jung-Institut, X. Zürich: Rascher

Neumann, Erich (1959 und 1995) Der schöpferische Mensch. Zürich: Rhein und Frankfurt a.M.: Fischer (Tb 12413) Reihe „Geist und Psyche", herausgegeben und eingeleitet von Gerhard M. Walch

Neumann, Erich (1992) Die Psyche als Ort der Gestaltung – Drei Eranos-Vorträge. Frankfurt a.M.: Fischer (Tb 11094) Reihe „Geist und Psyche", herausgegeben und eingeleitet von Gerhard M. Walch

Neumann, Erich (2005) Die Psyche und die Wandlung der Wirklichkeitsebenen (Eranos-Vortrag von 1952). Stuttgart: opus magnum, online herausgegeben von Lutz Müller und Gerhard M. Walch unter: www.opus-magnum.de/neumann-erich.html

Neumann, Erich (2005a) Die Bedeutung des Erdarchetyps für die Neuzeit (Eranos-Vortrag von 1953). Stuttgart: opus magnum, online herausgegeben von Lutz Müller und Gerhard M. Walch unter: www.opus-magnum.de/neumann-erich.html

Neumann, Erich (2005b) Die Erfahrung der Einheitswirklichkeit und die Sympathie aller Dinge (Eranos-Vortrag von 1955). Stuttgart: opus magnum, online herausgegeben von Lutz Müller und Gerhard M. Walch unter: www.opus-magnum.de/neumann-erich.html

Ohtsu, Meister Daizohkutsu R. (1958) Der Ochs und sein Hirte - Eine altchinesische ZEN-Geschichte. Mit japanischen Bildern aus dem 15. Jahrhundert, übersetzt von Kôichi Tsujimura und Hartmut Buchner. Pfullingen: Günther Neske

Painadath, Sebastian (2004) Der Geist reißt Mauern nieder. München: Kösel

Rückert, Friedrich (1978) Am Abend zu lesen – Aus der „Weisheit der Brahmanen", Freiburg i.B.: Herder (Tb 654)

Schmitt, Johannes Ludwig (1956) Atemheilkunst. München: H.G. Müller

Suzuki, Daisetz T. (1972) Die große Befreiung – Einführung in den Zen-Buddhismus. Weilheim: O.W. Barth

Tatsuhiko Yokoo (1988) Zen Ochsenbilder, Tuschzeichnungen. Würzburg: Haus St. Benedikt, Abdruck mit freundlicher Genehmigung durch Willigis Jäger.

Walch, Gerhard M. (2007) Wandlung zum inneren Himmel – Gedichte, Texte, Fotografien. Hohenems: Bucher (nur mehr beim Autor erhältlich – per Mail: gerhard@walch.jetzt

Walch, Gerhard M. (2010) Wandlungen des Bewusstseins - Erich Neumanns Tiefenpsychologie der Kultur. Stuttgart: opus magnum (3. Auflage 2017)

Zur Person

Gerhard M. Walch

ist Dipl. Leib-, Atem-, Stimm-, Tanz- und Psychotherapeut (ECP), aus-
gebildet in Initiatischer Therapie von Karlfried Graf Dürckheim und Hildegund Graubner in Todtmoos-Rütte und München. Langjährige Medi-
tationspraxis bei Pater Lassalle, Bert Kemming, Ayya Khema und Yamada
Bunryo Roshi. Meditations- und Therapie-Studienreisen nach Japan (Zen-
Meditation), Thailand (Tempel und Klöster), Himalaya (Dalai Lama),
Anatolien (Sufismus) und Kalifornien (Therapie- und Meditations-Zen-
tren).

Begegnungen mit Vertretern von spirituellen Traditionen aller fünf
Weltreligionen, Fortbildungen in Integrativer Tanz- und Bewegungsthera-
pie und in „Rituale der Begegnung", Weiterbildungen bei Dr. Wolf Bün-
tig (ZIST), Prof. Dr. Eugene Gendlin (Focusing), Klaus-Werner Stangier
und Cornelia Kleijn-Stangier (Meister Eckehart Haus), Irmtraud Schä-
fer (Rituelle Körperhaltungen / Trance-Arbeit nach F. Goodmann) u.v.a..

Er ist Dozent an den C. G. Jung Instituten Zürich, Stuttgart und
Dresden sowie an der Stiftung Eranos in Ascona und in Schloss Hofen
(Zentrum für Wissenschaft des Landes Vorarlberg in der Ausbildung von
Psychotherapeuten), Mitarbeiter der Internationalen Gesellschaft für Tie-
fenpsychologie (Lindauer Tiefenpsychologie-Tagungen), Herausgeber von

Werken Erich Neumanns (im Fischer-Verlag, Frankfurt a.M. und Verlag opus magnum, Stuttgart), Autor in den Bereichen Tiefenpsychologie und ganzheitliche Spiritualität, z.B. der Bücher „Wandlung zum inneren Himmel - Gedichte, Texte, Fotografien" und „Wandlungen des Bewusstseins - Erich Neumanns Tiefenpsychologie der Kultur".

Weitere Publikationen unter: www.walch.jetzt

Internationale Vortrags- und Seminartätigkeit.

Freie therapeutische Praxis in A-Lochau am Bodensee.

Homepages: www.walch.jetzt und www.opus-magnum.com/walch-gerhard-m

Hinweise:

- Audio-CDs und Video-DVDs einzelner Übungen sowie Einführungen in Initiatischer Therapie und in die ZEN-Meditation sind beim Autor erhältlich: gerhard@walch.jetzt.

- Der Autor vermittelt die zwölf Übungseinheiten aus diesem Buch in seinem Seminar „Leib – Atem – Stimme / ZEN - Meditation I" über jeweils 12 Abende pro Semester. Informationen unter: www.walch.jetzt/docs/event_table.html

Gerhard M. Walch
Wandlungen des Bewusstseins
Erich Neumanns Tiefenpsychologie der Kultur

Inhaltsübersicht:
- Erich Neumann - Leben und Werk
- Vom Sündenbock zur Feindesliebe
- Wandlung zu einer neuen Ethik
- Ursprungsgeschichte des Bewusstseins
- Der mystische Mensch
- Erich Neumanns Beitrag zur Weiterentwicklung der Archetypenlehre
  C. G. Jungs
- Erich Neumann-Seminare zu zwei seiner Eranos-Vorträge zusammen mit
  Maria Hippius-Gräfin Dürckheim: „Die Psyche und die Wandlung der
  Wirklichkeitsebenen" und „Die Bedeutung des Erdarchetyps für die
  Neuzeit"
- Vom Wesen der Träume - Traumseminar-Einführung
- Begriffe von Erich Neumann im „Wörterbuch der Analytischen
  Psychologie"

Verlag opus magnum, Stuttgart, 2010; 4. Auflage 2019
210 Seiten mit vielen Abbildungen, € 19,90
ISBN 978-3-939322-20-7

Gerhard M. Walch
Wandlung zum inneren Himmel
Gedichte, Texte, Fotografien

Dieser außergewöhnliche Sammelband mit Gedichten und Texten der letzten 25 Jahre, ergänzt mit Mandala-Symbolen und Reise-Fotografien, umfasst fünf Bücher: *Sinnfindung, Lichtwandlung, Alchemie des Brotes, Nur Wandlung ist beständig* und *Der Himmel ist in dir.*

Gerhard M. Walch nimmt uns mit seinen existentiellen und inspirierenden Gedichten, Texten und Fotografien mit auf eine Reise durch äußere und innere Welten. Er begleitet uns auf diesem Wandlungs-Weg zu neuen Dimensionen der Erfahrung des inneren Himmels. Seine beeindruckenden Fotografien sind auf Reisen nach Oberägypten, Andalusien, Spiti am Himalaya, Umbrien/Toskana, Anatolien/Kappadokien/Istanbul, Lanzarote und Marokko entstanden.

Format 17x24 cm, 320 Seiten mit zahlreichen großformatigen Fotografien, Hardcover mit Schutzumschlag ISBN 978-3-902525-67-3
Bucher Verlag Hohenems, 2007, € 24,- .
Beim Autor um € 19,90 (+Porto) erhältlich.
Bestellungen an Gerhard M. Walch: gerhard@walch.jetzt